从零开始学
短视频运营推广
（第2版）

高珉　编著

清华大学出版社
北京

内 容 简 介

本书包括12个专题、180个实用技巧、400多张图片、90多个图解以及100多个典型案例，详细介绍短视频运营中的行业情况、发展定位、视频拍摄、推广引流、社交平台引流、视频APP引流、其他平台引流、营销爆款、变现攻略、平台变现、数据评估和案例解析等内容。本书采用技巧提炼+实操攻略+经典案例的写法，以图文并茂的方式呈现每个知识点，教您快速掌握短视频运营技巧，实现精准、全渠道的短视频盈利！从宏观行业领域到微观抖音账号，从拍摄到营销，让您从初级入门到全面精通短视频运营！

本书语言通俗、逻辑清晰、图文并茂，适合短视频行业领域的从业人员、想通过短视频进行营销的企业和商家、通过短视频实现快速引流的新媒体人和专注短视频风口的创业者等人士阅读，也适合对短视频运营和营销感兴趣的读者阅读。

本书封面贴有清华大学出版社防伪标签，无标签者不得销售。
版权所有，侵权必究。侵权举报电话：010-62782989 13701121933

图书在版编目(CIP)数据

从零开始学短视频运营推广 / 高珉编著 . —2版. —北京：清华大学出版社，2019（2020.4重印）
ISBN 978-7-302-52925-5

Ⅰ.①从… Ⅱ.①高… Ⅲ.①网络营销 Ⅳ.①F713.365.2

中国版本图书馆CIP数据核字(2019)第083563号

责任编辑：杨作梅
装帧设计：杨玉兰
责任校对：王明明
责任印制：沈　露

出版发行：清华大学出版社
网　　址：http://www.tup.com.cn, http://www.wqbook.com
地　　址：北京清华大学学研大厦A座　　邮　编：100084
社 总 机：010-62770175　　邮　购：010-62786544
投稿与读者服务：010-62776969, c-service@tup.tsinghua.edu.cn
质量反馈：010-62772015, zhiliang@tup.tsinghua.edu.cn

印 装 者：涿州汇美亿浓印刷有限公司
经　　销：全国新华书店
开　　本：170mm×240mm　　印　张：16.5　　字　数：254千字
版　　次：2017年7月第1版　　2019年6月第2版　　印　次：2020年4月第3次印刷
定　　价：59.80元

产品编号：082417-01

专家编委会

高珉

今日黑马创始人

中国新营销模式首创者

《新营销模式》开创者

移动电商实战策划师

全球企业商学院共享联盟会长

阿里体系销售铁军团队的促动导师

名创优品集团社群转型顾问

南通工业博览城的年度战略顾问

新零售企业高效组织管理专家

叶国富

名创优品全球联合创始人

赛曼控股集团董事长

广东十大经济风云人物

北京大学讲座教授

周导

商界卧龙

新商业模式首创者

资本架构学创始人

中国新商业生态圈智客生态集团主席

新一代天使投资人

李力刚

顶尖战略谈判顾问

上海海盟企管

上海来战信息创办人

美国大使馆三次特邀谈判训练专家

北大、清华等各大总裁班十大名师

裴成林
上海炫林日用品有限公司创始人
吉林商会优秀企业家
中国移动互联网协会执行会长
CCTV 诚信档案卓越风尚诚信企业家

邵佳
华彩门窗创始人
安徽商会优秀企业家
门窗行业协会执行会长
中国移动互联网协会执行会长
CCTV 诚信档案卓越风尚诚信企业家

刘兵
昆明千龙信息网络有限公司董事长
昭通千龙文化传播有限公司董事长
云南道弘科技有限公司董事长
云南在路上科技有限公司董事长
千龙老茶创始人
中国移动互联网协会执行会长
CCTV 诚信档案卓越风尚诚信企业家

何东成
杭州双成遮阳有限公司创始人
鑫帘盟汇联合创始人
济南智仁互成遮阳有限公司创始人
江西省德兴市遮阳协会副主席中国移动互联网协会执行会长
CCTV 诚信档案卓越风尚诚信企业家

前言

■ 写作驱动

作为一个运营者和营销者,给你 30 秒钟的时间来做以下事情,你会选择哪一种内容形式呢?是文字、图片还是短视频?

(1) 如果你想让受众快速了解和掌握 Word、Excel、PS 等的某一个操作技巧。

(2) 如果你想让受众被内容吸引,从而快速决定来你宣传的景区旅游。

(3) 如果你想让受众在内容的指导下正确、安全地安装和使用某一家居产品。

(4) 如果你想让受众了解新闻报道的突发事件并且更真实地感受现场的状况。

(5) 如果你想让受众更快地掌握和提升化妆、穿搭、食物烹饪等方面的技能。

……

答案当然是短视频!

作为一个受众,要在 30 秒钟的时间内做以下事情,你会选择哪一种内容形式呢?是文字、图片还是短视频?

(1) 如果你想要学习 Word、Excel、PS 等技能。

(2) 如果你想要了解某个令人神往的景区的景色。

(3) 如果你想要学习某一家居产品的安装和使用。

(4) 如果你想要跟进某一突发事件的实况报道。

(5) 如果你想要学习化妆、穿搭、食物烹饪等。

……

答案当然还是短视频!

可见,无论是对运营者来说,还是对受众来说,针对某些场景,短视频都是人们在碎片化时间下愿意选择的最佳阅读方式。其原因在于:

文字,要想让内容优质和差异化,是需要耗费巨大的脑力劳动的;而短视频的优质内容制作,只要掌握了一定的拍摄和运营技巧,以及确定好选题即可,其操作可能是重复性的,而用户也更容易读懂某些场景中短视频所展现的内容。

图片，只是一个静止的画面呈现，且一张图片只能展现某一瞬间的情况；而短视频是由很多帧画面组成的，且不同画面之间具有连续性，更生动、形象，更能展现细节。用户能更加真实、立体地感受短视频所展现的内容。

基于上述情况，越来越多的机构、企业、商家和个人选择用短视频进行运营推广。下面是关于抖音这一具有代表性的短视频平台的数据：

截至2018年6月12日，抖音国内的日活用户突破1.5亿，月活用户超过3亿。

截至2018年6月，有500多个政务号入驻，涵盖旅游、公安、法院、地方政务、文化等领域。

截至2018年6月6日，抖音企业蓝V用户发表了超过7.5万条短视频，共获得超过65亿次播放量和4000万粉丝。

……

其实，不仅抖音如此，其他短视频平台同样有着莫大的发展机会。面对短视频这一快速发展的创业风口，运营者难道不心动吗？不想利用短视频来获取用户关注和快速收获流量吗？答案当然是肯定的。

那么，面对数量巨大的短视频运营市场和强大压力，要如何才能实现突围，打造短视频爆款呢？这是困扰大家的一个难题。

本书就是从解决短视频运营推广的难题出发进行编写的，主要围绕抖音来进行运营分析，涉及行业、定位、拍摄、引流、营销、变现和数据评估等运营内容，能帮助读者快速了解和精通短视频运营，成为短视频运营高手。

本书特色

本书的主要特色如下：

内容全面：本书围绕短视频这一发展正劲的内容形式，对与其相关的运营推广技巧进行全面的阐述，如定位、拍摄、引流、营销、变现和数据分析等。读完本书，读者对短视频运营推广会有一个比较清楚的认识。

实用性强：本书所选的知识、技巧和案例，都是在一个运营者亲身实践的基础上来安排的，在写法上多采用技巧+案例的形式，能让读者更透彻地了解书中的技巧及其运用，真正实现"学到就要用到实处，用到就要达到目标"。

重点突出：本书共12章内容，重点内容就在于如何运营推广，也就是如何引流、营销和变现，除专门讲述运营推广的第4章~第10章，第2、3、11和12章的发展定位、视频拍摄、数据评估和案例解析也是为运营推广服务的。另外，

第 1 章也有利于运营者了解大的市场环境，不至于让运营者茫然无措。

■ 作者信息

本书由高珉编著，参与编写的人员还有周玉姣、谭中阳、杨端阳、柏承能、刘桂花、柏松、谭贤等人，在此表示感谢。由于作者知识水平有限，书中难免有疏漏之处，恳请广大读者批评、指正。

目录

第 1 章 初步了解：短视频新秩序的发展和构建 1

- 1.1 4 个方面，洞悉短视频行业发展 2
  - 1.1.1 3 大方面，了解短视频行业发展特点 2
  - 1.1.2 3 大方向，看透短视频行业发展态势 3
  - 1.1.3 5 大困境，成为无法忽视的发展隐忧 4
  - 1.1.4 3 个对策，帮助运营者成功走出困境 4
- 1.2 8 大类型，全面了解短视频内容 5
  - 1.2.1 原创短视频：拥有十分显著的独特性 5
  - 1.2.2 UGC 视频：以个人为主的个性化内容 6
  - 1.2.3 网络视频广告：见缝插针，无处不在 7
  - 1.2.4 品牌活动：主题明确的短视频内容 8
  - 1.2.5 宣传片：企业形象和文化的完美诠释 8
  - 1.2.6 系列短片：主题和内容具有一致性 10
  - 1.2.7 微电影：将人类的情感诉求融入其中 12
  - 1.2.8 影视短视频：限制开放的短视频形态 13
- 1.3 7 大优势，领略短视频营销魅力 14
  - 1.3.1 互动性强：使得短视频得以快速传播 14
  - 1.3.2 传播快速：形成病毒式传播的效果 15
  - 1.3.3 成本较低：3 个方面让营销简单可行 15
  - 1.3.4 效果显著：边看边买形成巨大优势 17
  - 1.3.5 指向性强：准确找到企业的目标用户 18
  - 1.3.6 可衡量性：数据化效果有目共睹 19
  - 1.3.7 "存活"久：即使不再投入也不停播 21

第 2 章 发展定位：确保不被落下的运营基础 23

- 2.1 行业方向：掌好短视频的后续运营之舵 24
  - 2.1.1 根据个人情况：选择喜欢的或擅长的 24
  - 2.1.2 根据产品行业属性：选择能完美契合的 25
  - 2.1.3 根据行业领域：确定数据分析大致方向 26
- 2.2 用户画像：描绘好你的目标用户蓝图 27
  - 2.2.1 性别：男女比例各占多少 28
  - 2.2.2 年龄：哪个年龄段用户居多 29
  - 2.2.3 地域：主要分布在哪些地区 30

2.2.4 星座：哪些星座的用户最多 ... 31
2.3 细分领域：确定好你能制胜的垂直方向 ... 32
 2.3.1 评论词云：了解用户关注的舆论内容 ... 32
 2.3.2 热门视频：认清各平台的短视频特色 ... 34
 2.3.3 维度特征：确定运营方向的细分领域 ... 35
2.4 内容定位：奠定优质短视频打造的基础 ... 35
 2.4.1 素材搜集1：视频APP内容 ... 36
 2.4.2 素材搜集2：视频网站内容 ... 36
 2.4.3 素材搜集3：经典电影片段 ... 37
 2.4.4 素材搜集4：自身拍摄视频 ... 37
 2.4.5 创作原则1：垂直性和差异性 ... 38
 2.4.6 创作原则2：要尽量原创 ... 40

第3章 视频拍摄：打造出高质量的抖音短视频 ... 41

3.1 做好准备：拍出高质量短视频的基础 ... 42
 3.1.1 选择对象：清晰传达短视频的中心思想 ... 42
 3.1.2 辅助设备：保证手机短视频画面稳定 ... 44
3.2 拍摄功能：6大入口抖音拍摄任你选 ... 45
 3.2.1 拍同款：巧妙借用好听的背景音乐 ... 46
 3.2.2 切换音乐拍摄：更多音乐可供使用 ... 46
 3.2.3 视频上传制作：轻松合成短视频 ... 47
 3.2.4 图片电影：15秒视频的多场景展现 ... 48
 3.2.5 参与挑战赛：借助热点收割流量 ... 49
 3.2.6 直播拍摄：零基础打造个性化视频 ... 49
3.3 拍摄流程：3大步骤拍摄抖音短视频 ... 50
 3.3.1 切换音乐拍摄步骤1：选择背景音乐 ... 50
 3.3.2 切换音乐拍摄步骤2：正式拍摄短视频 ... 52
 3.3.3 切换音乐拍摄步骤3：短视频剪辑加工 ... 54
3.4 拍摄提升：5大技巧拍出优质短视频 ... 56
 3.4.1 合适的快慢速度：调整音乐和视频的匹配度 ... 57
 3.4.2 创意短视频拍摄：分段拍摄"秒变装"效果 ... 57
 3.4.3 利用合拍蹭热门：为宣传引流添一份助力 ... 59
 3.4.4 防止视频抖动：4种方法保证对焦清晰 ... 60
 3.4.5 选对拍摄分辨率：让视频画面更清晰 ... 62
3.5 视频发布：5个方面优化推广的效果 ... 63
 3.5.1 设置视频标题：完整表达作者思想 ... 64

3.5.2 插入相关话题："合适"
二字很重要 64
3.5.3 设置 @ 好友：准确送达
短视频内容 65
3.5.4 设置地址：提升知名度和
唤起归属感 67
3.5.5 谁可以看：确定短视频的
分享范围 67

第 4 章 推广引流：3 个方面打造百万粉丝短视频 ..69

4.1 高起点：基于 5 大用户需求
提升关注度 70
    4.1.1 营造愉悦氛围，满足
对快乐的需求 70
    4.1.2 提供最好谈资，满足
好奇心需求 71
    4.1.3 设置目标对象，满足
学习模仿需求 72
    4.1.4 工具化内容，满足解决
问题的需求 73
    4.1.5 提供人生指引，满足
自我实现需求 74
4.2 妙技巧：8 种途径提升短视频
推广效果 75
    4.2.1 技巧 1：明星效应，自带
流量 76
    4.2.2 技巧 2：热点话题，引发
热议 76
    4.2.3 技巧 3：品牌人设，提升
黏性 77
    4.2.4 技巧 4：挑战赛，快速
聚集流量 78
    4.2.5 技巧 5：创意广告，提升
观感 80

    4.2.6 技巧 6：KOL 合作，提升
知名度 80
    4.2.7 技巧 7：互动贴纸，提升
好感度 82
    4.2.8 技巧 8：反转剧情，带来
惊奇感 82
4.3 好内容：7 大方面赢得用户更多
点赞 84
    4.3.1 高颜值，满足爱美之心 ... 84
    4.3.2 正能量，点燃信念之火 ... 85
    4.3.3 萌属性，吸引用户
注意力 86
    4.3.4 暖元素，让观众产生爱 ... 88
    4.3.5 技艺牛，让用户衷心
佩服 89
    4.3.6 各种恶搞与搞笑，创造
新意 90
    4.3.7 干货内容，放心地落地
执行 91

第 5 章 社交平台：打造强黏性的短视频推广圈......93

5.1 5 大特点，洞悉短视频传播与
推广 94
    5.1.1 5 分钟短视频，实现快速
传播 94
    5.1.2 社交化 & 视频化，让平台
纷涌 95
    5.1.3 传播者 & 接收者，用户
一肩担当 96
    5.1.4 新媒体 & 短视频，走上
合作之路 97
    5.1.5 泛娱乐化到垂直化，转型
趋势明显 98

5.2 6 大渠道，构建短视频
推广社交圈 99
    5.2.1 朋友圈：优势多多助力
推广 99
    5.2.2 微信公众号：更利于
构建品牌 101
    5.2.3 微信与 QQ 群组：实现
精准推广 101
    5.2.4 QQ 空间：7 大方法引导
关注 102
    5.2.5 微博："@"功能与热门
话题 103
    5.2.6 电子邮件：实现一对一
推广 104
5.3 6 大技巧，推动社交平台短视频
推广 105
    5.3.1 短视频分享 1：APP 直达
社交圈 105
    5.3.2 短视频分享 2：10 秒
小视频快速分享 107
    5.3.3 短视频分享 3：超过 10 秒
也能分享 109
    5.3.4 配上吸睛文字，增强
短视频趣味性 110
    5.3.5 设置所在位置，利用好
最佳广告位 110
    5.3.6 选择提醒谁看，让
短视频精准分享 111

第 6 章 视频 APP：做好短视频自家内容的推广 113

6.1 11 大平台，让短视频推广简单
可行 114
    6.1.1 抖音：主打音乐短视频
成清流 114
    6.1.2 快手：记录和分享用户的
生活 114
    6.1.3 西瓜：优势多多，让推广
更易 117
    6.1.4 火山：政策扶持，运营
效果可期 119
    6.1.5 美拍：集直播、拍摄和
后期于一体 120
    6.1.6 小影：拍摄风格多样，
特效众多 122
    6.1.7 爱奇艺：专注打造好玩、
有趣内容 122
    6.1.8 腾讯：可发短视频弹幕的
平台 124
    6.1.9 搜狐：多元化的短视频
自媒体矩阵 125
    6.1.10 芒果 TV：与平台合作
完成优势升级 127
    6.1.11 优酷：快者为王，满足
用户需求 128
6.2 7 大技巧，推动视频平台短视频
传播 129
    6.2.1 热门内容：深入洞察，
激发用户的共鸣 129
    6.2.2 多样场景：巧妙结合，
让用户乐于接受 131
    6.2.3 黄金时间：抢夺注意力，
提升推广效果 131
    6.2.4 智能分发：去中心化，
更高的播放效率 132
    6.2.5 第一人称：真人打造，
提升品牌可信度 134
    6.2.6 合拍玩法：快手抖音，
打造强互动视频 135
    6.2.7 抢镜玩法：小窗口，
制作个性化短视频 136

目录

第 7 章 其他平台：12 个渠道实现短视频互赢推广…139

- 7.1 营销平台：打造爆款电商和外卖短视频..........140
  - 7.1.1 淘宝：两大入口，充分利用流量优势..........140
  - 7.1.2 京东：3 大入口，更便于短视频分享..........141
  - 7.1.3 美团外卖：传播商家短视频品牌故事..........144
  - 7.1.4 产生信任：短视频多角度诠释企业品牌..........145
  - 7.1.5 塑造价值：短视频突出卖点让推广更省心..........146
  - 7.1.6 自动营销：短视频成为企业的在线销售员..........147
  - 7.1.7 制造震撼：更富张力的短视频更易留下印象..........149
  - 7.1.8 讲好故事：多角度打造受人追捧的短视频..........150
- 7.2 资讯平台：让短视频更多占据碎片化时间..........152
  - 7.2.1 今日头条：完成自身的短视频矩阵布局..........152
  - 7.2.2 一点资讯：短视频成为平台的重要内容..........154
  - 7.2.3 百度百家：两大方面助力推广短视频..........155
  - 7.2.4 贴近生活：让用户基于需要而点击播放..........156
  - 7.2.5 添加趣味：有针对性才能更招人喜爱..........157
  - 7.2.6 情感共鸣：让更多用户获得精神享受..........158
- 7.3 线下场景：实现更精准的短视频内容推广..........159
  - 7.3.1 社区电梯：稳定而刚需的短视频推广..........159
  - 7.3.2 地铁：两大广告优势实现精准化推广..........160
  - 7.3.3 商圈：广告主更明确的短视频推广..........160
  - 7.3.4 交通：可基于群体共同特征进行推广..........161
  - 7.3.5 公交候车亭：提升阅读率和达到率..........161
  - 7.3.6 村镇视频：品牌渠道下沉的宣传首选..........162
  - 7.3.7 传播快速：更快形成线下传播矩阵..........163
  - 7.3.8 精准推广：锁定人流密集场所的用户..........163
  - 7.3.9 智能互动：让用户自然地融入消费场景..........163

第 8 章 营销爆款：20 个技巧抢占抖音短视频风口…165

- 8.1 5 种形式，快速传播内容引爆品牌营销..........166
  - 8.1.1 演技不凡：生动地呈现品牌特性..........166
  - 8.1.2 特效设置：借助达人影响力和标签..........167
  - 8.1.3 实物植入：毫无违和感的品牌营销..........167
  - 8.1.4 故事讲述：两个方面万万不能忽视..........167
  - 8.1.5 动作插入：表现品牌引发用户联想..........168

8.2 3大步骤，收割抖音流量抓住短视频红利 168
 8.2.1 5大流程，助力抖音号养号和成长 168
 8.2.2 多种工具，让抖音号运营更方便 169
 8.2.3 两大关键，不断升级和促成爆款 170
8.3 7种玩法，提高产品曝光度和打造口碑 171
 8.3.1 直接呈现：产品要有特色或自带话题 171
 8.3.2 侧面烘托：策划周边产品形成联动效应 172
 8.3.3 额外用途：创新性挖掘扩大产品需求范围 173
 8.3.4 特色优势：短时间内聚焦打下认识基础 174
 8.3.5 借用场景：两种方法提升产品宣传效果 175
 8.3.6 营销盛况：侧面烘托营造产品的良好口碑 176
 8.3.7 展示日常：让品牌文化扎根于用户心底 176
8.4 5大行业，抓住营销关键才能无往而不利 177
 8.4.1 餐饮行业：4大关键打造网红餐饮 177
 8.4.2 日常用品：两大要点促进产品成交 178
 8.4.3 文娱行业：3个方面扩大营销优势 179
 8.4.4 旅游行业：3个条件打通消费通路 181
 8.4.5 汽车行业：发挥人群高度匹配优势 182

第9章 变现攻略：广告化短视频内容轻松盈利 183

9.1 5类广告，实现高效、快速变现目标 184
 9.1.1 品牌广告——量身定做快速变现 184
 9.1.2 植入广告——创意式变现效果更好 185
 9.1.3 冠名商广告——借助影响力变现 186
 9.1.4 浮窗LOGO——变现优缺点兼具 187
 9.1.5 贴片广告——优势明显的变现方式 188
9.2 两大内容，让知识付费变现成为可能 189
 9.2.1 知识付费1：针对性强的细分专业咨询 189
 9.2.2 知识付费2：更加专业的在线课程教授 190
9.3 6种策略，大咖模式轻松获取利润 192
 9.3.1 企业融资——变现收益大、速度快 192
 9.3.2 直播得礼物——基于信任感和依赖感 193
 9.3.3 MCN运营——保障专业内容稳定变现 194
 9.3.4 版权收入——解决搬运短视频质量问题 195
 9.3.5 平台补贴——诱惑力十足的变现模式 196
 9.3.6 平台分成——合理运用，不能一味依赖 198

9.4 两种类型，平台与店铺达成合作变现..................199
   9.4.1 自营电商——获取较多人气和支持..................199
   9.4.2 第三方店铺——通过销量上涨变现..................202

第10章 平台变现：有效流量让短视频快速变现......205

10.1 短视频APP，粉丝与流量是关键点..................206
   10.1.1 快手：粉丝打赏是主要收益方式..................206
   10.1.2 抖音：优质内容获平台丰厚补贴..................207
   10.1.3 火山：赚取火力值让收益提升..................207
   10.1.4 美拍：积累足够粉丝获得打赏..................208

10.2 在线视频，上传内容更广、收益更多..................209
   10.2.1 腾讯视频：3大条件获得平台分成..................209
   10.2.2 爱奇艺视频：提出申请获取分成..................210
   10.2.3 搜狐视频：通过多个渠道赚取收益..................210
   10.2.4 哔哩哔哩：垂直内容引导粉丝打赏..................212
   10.2.5 第一视频：成功晋级才能获取收益..................212
   10.2.6 爆米花视频：上传优质内容可得利..................213

10.3 资讯APP，平台分成成为主流方式..................213
   10.3.1 今日头条：形式多样，快速实现变现..................213
   10.3.2 百家号：3大渠道，让变现更简单..................214
   10.3.3 一点资讯："点金计划"申请获利..................215
   10.3.4 企鹅媒体：4大条件，获取流量补贴..................216
   10.3.5 网易号：星级提升，获得更高收益..................217

第11章 数据评估：准确判断和了解运营的效果......219

11.1 内容评估：确定未来短视频运营方向..................220
   11.1.1 推荐量：短视频被推荐给多少用户阅读..................220
   11.1.2 播放量：短视频被多少用户点击观看..................220
   11.1.3 平均播放进度和跳出率：内容是否符合预期..................221
   11.1.4 播放时长：帮助把握短视频内容的节奏..................222
   11.1.5 收藏量和转发量：衡量短视频内容的价值..................223
   11.1.6 点赞量：短视频被多少用户喜欢和认可..................224
   11.1.7 互动量：短视频被多少用户评论过..................225
   11.1.8 播放完成度：80%以上占比越多越好..................226

11.2 效果评估：洞悉短视频品牌营销影响力..................227
   11.2.1 显示后访问量：有意愿了解品牌更多信息..................227

11.2.2 品牌熟悉程度：更
全面地了解品牌及产品 ..228
11.2.3 品牌喜好程度：喜欢或
厌恶品牌一目了然 230
11.2.4 购买意愿：4大阶段
影响品牌的用户购买力 ..230
11.2.5 品牌联想度：横向、
纵向联想体现品牌魅力 ..231

第12章 案例解析：12个爆款短视频揭秘抖音运营诀窍 233

12.1 企业号：推动企业形象塑造和
提升好感 234
   12.1.1 支付宝：契合平台调性
实现成功圈粉 234
   12.1.2 成都商报：内容贴近
生活才能赢得好感 235
   12.1.3 美团外卖：话题＋才艺
让形象深入人心 236
   12.1.4 饿了么：影片式短视频
引发用户联想 238

12.1.5 网易游戏"阴阳师"：
高颜值 COS 238
12.2 政务号：广泛普及知识和弘扬
正能量 239
   12.2.1 "北京SWAT"：融合
热门音乐让内容接地气 ..240
   12.2.2 "平安杭州"：说唱式
宣传引导用户持续阅读 ..241
   12.2.3 "共青团中央"：两大
方面打造内容产生共鸣 ..243
12.3 个人号：打造别具特色的
短视频 爆款 245
   12.3.1 "会说话的刘二豆"：
宠物拟人化增加趣味性 ..245
   12.3.2 "佳哥就是毕加索"：
创意绘画吸引用户关注 .246
   12.3.3 "M哥"：独特嗓音＋
颜值，翻唱快速圈粉 247
   12.3.4 "AZ"：二次元流行文化
短视频赢得高点赞量 248

第 1 章

初步了解：短视频新秩序的发展和构建

学前提示

短视频作为一种比较新颖、广受用户喜欢的内容形式，是致力于在新媒体领域取得成就的运营者所必须了解的。本章内容主要集中在 3 个方面，即短视频的行业发展、类型和优势，帮助运营者全面、深入地了解短视频。

要点展示

▶ 4 个方面，洞悉短视频行业发展
▶ 8 大类型，全面了解短视频内容
▶ 7 大优势，领略短视频营销魅力

1.1 4个方面,洞悉短视频行业发展

随着移动互联网的发展和智能手机的普及,传播领域呈现出明显的平台扩大化和内容多元化的特点。其中,短视频行业所代表的更直观的、立体化的传播形态也逐渐兴起和发展。

本节就围绕短视频行业的发展特点、发展方向、发展困境和解决对策等问题进行介绍,以便帮助读者更深入地了解短视频行业。

1.1.1 3大方面,了解短视频行业发展特点

在各种各样的平台上,都逐渐有了短视频的立足之地,且这一内容形式正逐渐取代图文,成为用户最多、最受欢迎的内容形式。那么,在短视频行业快速发展的风口,它究竟有着怎样的特点呢?在此,笔者将从用户流量、平台内容和信息流三个方面进行介绍,具体如图 1-1 所示。

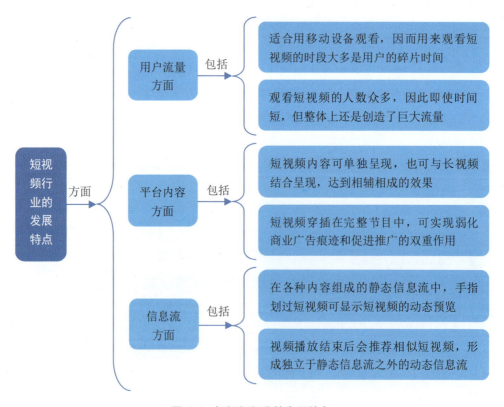

图 1-1 短视频行业的发展特点

1.1.2 3大方向，看透短视频行业发展态势

对于新媒体平台来说，2017年是它们发展转变和战略布局的重要一年——各平台纷纷进入短视频行业并重金入局，从而推动了短视频行业的快速发展。同样，2018年，对抖音短视频APP的发展来说，更是至关重要——自2018年春节以来，抖音短视频APP曾多次居于APP Store单日下载量榜首，且在非游戏类APP中的单日下载量榜首排名持续天数最长，成为名副其实的移动互联网最热门应用，如图1-2所示。

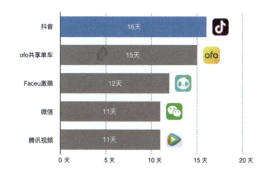

图1-2 2018年我国APP Store中非游戏类APP的单日下载量榜首排名持续天数

在这样的发展态势和背景下，未来短视频行业将向着怎样的方向发展呢？笔者将为大家做简单介绍，内容如图1-3所示。

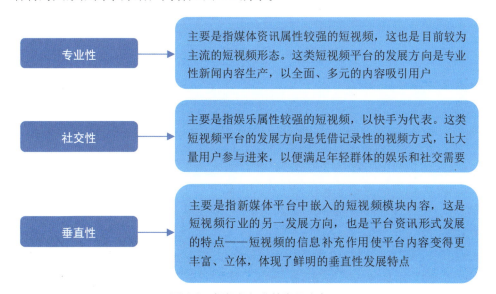

图1-3 短视频行业的发展方向

1.1.3　5大困境，成为无法忽视的发展隐忧

在短视频行业，虽然不断有达人和网红出现，但是随着发展的深入，也出现了诸多问题。在笔者看来，短视频行业的发展困境主要表现在5个方面，具体内容如图1-4所示。

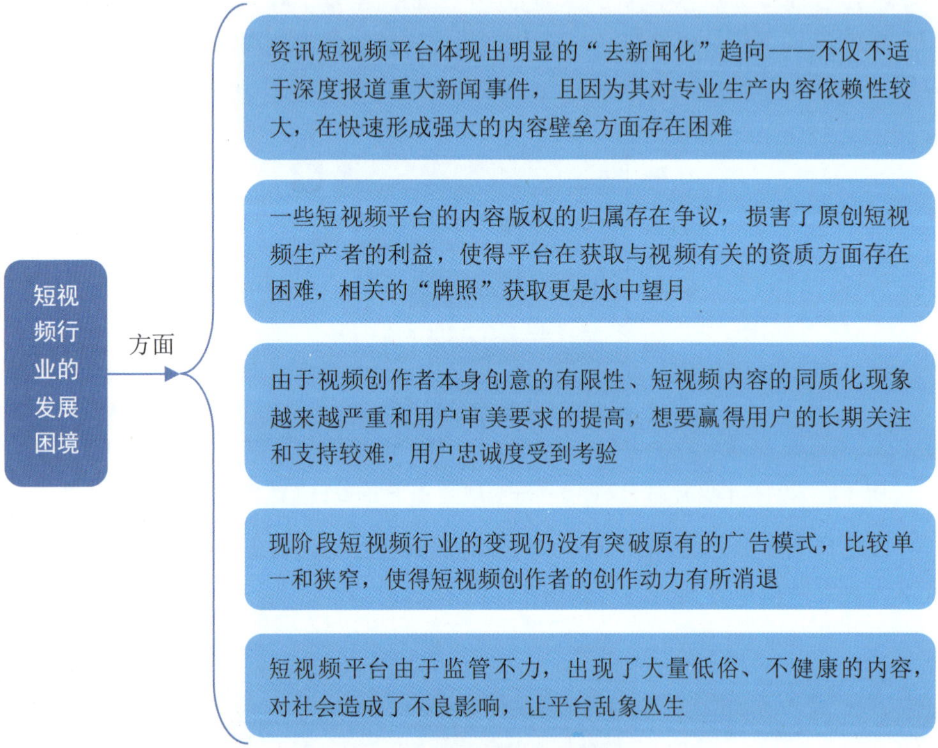

短视频行业的发展困境 方面：

- 资讯短视频平台体现出明显的"去新闻化"趋向——不仅不适于深度报道重大新闻事件，且因为其对专业生产内容依赖性较大，在快速形成强大的内容壁垒方面存在困难

- 一些短视频平台的内容版权的归属存在争议，损害了原创短视频生产者的利益，使得平台在获取与视频有关的资质方面存在困难，相关的"牌照"获取更是水中望月

- 由于视频创作者本身创意的有限性、短视频内容的同质化现象越来越严重和用户审美要求的提高，想要赢得用户的长期关注和支持较难，用户忠诚度受到考验

- 现阶段短视频行业的变现仍没有突破原有的广告模式，比较单一和狭窄，使得短视频创作者的创作动力有所消退

- 短视频平台由于监管不力，出现了大量低俗、不健康的内容，对社会造成了不良影响，让平台乱象丛生

图1-4　短视频行业的发展困境

1.1.4　3个对策，帮助运营者成功走出困境

有问题不回避，积极地想对策来解决，才是正确的发展之道。面对短视频行业发展的巨大风口，要想在新媒体领域获得更快、更大发展，是无法避开短视频这一传播媒介的。此时就需要想出有效对策帮助众多运营者走出行业发展困境。

在此，笔者针对上一小节介绍的短视频行业的5大发展困境，从3个方面提出了解决对策，具体内容如图1-5所示。

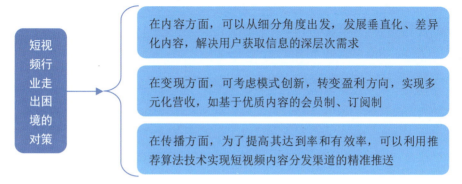

图 1-5　短视频行业走出困境的对策

1.2　8大类型，全面了解短视频内容

网络视频的类型多种多样，形式也在不断更新，随着时代的进步而变化。为了更熟练地进行短视频运营，了解短视频的类型是不可或缺的一个环节。

1.2.1　原创短视频：拥有十分显著的独特性

原创短视频作为网络视频的主要源泉之一，具有十分显著的独特性。目前来看，网络上的原创短视频主要来自三个方面，具体如下。

1. 电视台、传媒企业发布原创短视频

这一类原创短视频来自于比较正规、实力强大的电视台和传媒企业，而大部分电视台的官网都会发布一些内容优质的原创短视频。图1-6所示为浙江卫视官方网站的"蓝莓视频"频道发布的短视频案例。

图 1-6　浙江卫视官方网站的"蓝莓视频"频道发布的短视频案例

此外，这种原创短视频与其他原创短视频的内容有一定的区别——主要在于侧重点有所不同。一般来说，电视台、传媒企业的原创短视频的主要内容包括3类，即时政新闻、体育娱乐和专题片。

2. 视频网站自制或推出自媒体人短视频

随着网络视频的不断发展，现在越来越多的视频网站也开始自制视频或者推出自媒体人创作的短视频，并且还取得了不俗的成绩，广受好评。例如，爱奇艺自制的节目《中国新说唱》就十分火爆，并赢得了广大观众的喜爱，掀起了一股"嘻哈"风潮。

3. 视频团队、影视组织自创节目或脱口秀

因为网络视频的蓬勃发展，影响日益增强，所以一些自创的短视频节目、脱口秀也层出不穷。比如高晓松的网络脱口秀节目《晓松奇谈》、罗振宇的《罗辑思维》以及袁腾飞的《袁游》等。

1.2.2　UGC视频：以个人为主的个性化内容

UGC，由User Generated Content简化而来，其含义是用户自创内容。UGC视频即用户自己生产内容，然后上传发布在互联网上，与其他用户分享。这类视频的特点是比较新颖——以个人为单位，时间也比较短，充满个性。

以短视频应用"快手"为例，其视频形式都是以UGC为主。值得关注的是，在这个应用上注册的用户多为普通大众，而且不大力追捧明星名人，只注重展示自我和生活，显著的特点就是真实，这就是UGC视频的精髓。图1-7所示为快手上关于某一标签的UGC视频。

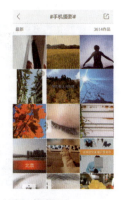

图1-7　快手上的UGC视频

当然，UGC 视频发展的空间还很大，需要更加专业的制作水准和更高的平台，才能不断前进，赢得广大用户的青睐。

1.2.3 网络视频广告：见缝插针，无处不在

网络视频广告，通常会出现在网络视频正式开播之前，或者是视频中间，其主要特点如图 1-8 所示。

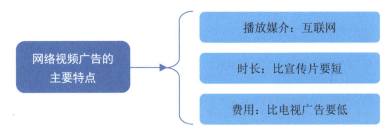

图 1-8　网络视频广告的主要特点

由于网络视频广告的成本相对较低，因此，有的企业会根据产品的特点对广告的时长进行调整，比如 1 分钟的广告、30 秒的广告都有可能在网络上出现。图 1-9 所示为网络视频广告案例。

图 1-9　网络视频广告案例

专家提醒

网络视频广告在互联网飞速发展的今天已经屡见不鲜，只要在线看视频，都会发现它的踪影，可以称得上是见缝插针。当然，如果不想观看在线广告，也可以通过花钱开通会员的方式避开广告。

1.2.4 品牌活动：主题明确的短视频内容

品牌活动与宣传片有些类似，就是个人、组织或企业根据举办的活动内容所制作的相关短视频。一般以会议、庆典、博览等形式呈现，但它与宣传片明显不同的一点就是，它的主题非常明确。

品牌活动按照主题的不同，可以大致分为几种类型，如图1-10所示。

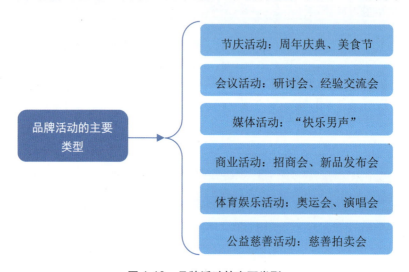

图 1-10　品牌活动的主要类型

1.2.5 宣传片：企业形象和文化的完美诠释

宣传片就是通过拍摄视频的方式对企业的形象和文化做一个诠释，并把它传递给广大受众，从而树立企业的良好口碑，打响品牌，吸引更多的人进行消费。一般来说，宣传片还可细分为不同的类型，主要有企业宣传片、产品宣传片、公益宣传片和招商宣传片，具体介绍如下。

1. 企业宣传片：呈现企业的整体面貌

企业宣传片主要是对企业的整体面貌进行呈现的视频类型，其呈现的内容主要包括5个方面，即成长经历、主要业务、技术水平、文化理念和前景展望等。

比如支付宝十周年企业宣传片"生来不同，注定非凡"，其中就涉及企业的发展历程、个人故事及主要业务，并从中传达出企业的文化理念和精神内涵，感染力很强，让广大用户都为此注目，并更加信任企业及其产品。

2. 产品宣传片：完整展示产品亮点

产品宣传片主是企业通过宣传片的形式对产品进行推广，推广的主要内容有功能特点、设计理念和优势亮点等。

例如，一款空气净化器的宣传片，就对其用法、效果测评和功能等进行了有效阐述，并通过情景化的片段对产品的亮点进行了完整的展示。图1-11所示为空气净化器宣传片的画面。

 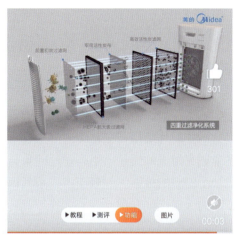

图 1-11　空气净化器的宣传片

产品宣传片的优势在于可以直接向用户介绍产品的特征，使得用户能快速了解产品的相关细节，且产品宣传片包含的信息量比较大，对产品的介绍更加全面。此外，产品宣传片的制作费用与广告片的制作相比较，还是比较低的，因此，产品宣传片值得企业有效利用。

3. 招商宣传片：具有很强的针对性

招商宣传片的目的很明显，就是为了吸引投资，因而这类宣传片的显著特点就是具有很强的针对性，需要根据不同的对象、企业招商项目的不同需求等因素进行制作。

4. 公益宣传片：为传播正能量而设计

公益宣传片是为传播正能量而设计的，其主要目的是为公众着想，提升公众生活品质和福利待遇，以构建更为和谐美好的社会。公益宣传片的特征如图1-12所示。

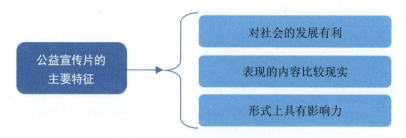

图 1-12　公益宣传片的主要特征

当然，公益宣传片从内容上看，也可以进行分类，比如有一些专门讲关于尊老爱幼等传统优秀美德的，有一些则特地讲关于帮助贫困地区发展、奉献爱心的，还有一些是讲关于绿色环保的。

1.2.6　系列短片：主题和内容具有一致性

系列短片是指在主题和内容上具有一致性，可以串联起来的影片，而且是由多个剧集组成的短片。系列短片的集与集之间环环相扣、紧密联系，并且可以构成一个完整的故事。一般而言，系列短片可以分为两种，即系列广告和微剧集，下面为大家详细介绍。

1. 系列广告：3大优势打造高质量广告

系列广告是指反复播放的一组广告，这种广告通常具有相同的风格、相同的主题内容。与传统的广告相比，系列广告也有其独特的优势，具体内容如图 1-13 所示。

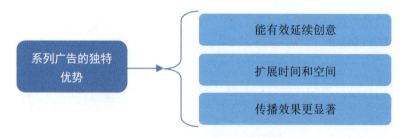

图 1-13　系列广告的独特优势

以飘柔洗发水的"柔顺"系列广告为例，其主要演员和角色都是不变的，而且主题也始终如一。图 1-14 和图 1-15 为飘柔洗发水的"柔顺"系列广告的不同篇。

图 1-14　飘柔洗发水"柔顺"系列广告之"寻觅垂顺"篇

图 1-15　飘柔洗发水"柔顺"系列广告之"婚礼回忆"篇

系列广告可以由一个完整的故事贯穿始终,从而体现系列广告的完整性。因此,在对广告进行策划和设计的时候,需要注意选题的内容和情境的设置,不能忽视任何一个微小的细节,不然就可能造成整个系列广告的不和谐。

为了打造出一个高质量的系列广告,就应该坚守始终如一的基本原则,当然,也可以在内容和形式上进行微创新,从而达到完美的效果。

2.微剧集:轻松搞笑带给用户无限乐趣

微剧集是指通过互联网进行传播的微型电视剧,其主要受众为互联网用户。与传统的电视剧相比较,两者还是存在区别的,具体内容如图 1-16 所示。

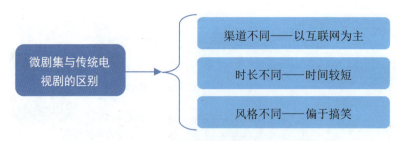

图 1-16　微剧集与传统电视剧的区别

比如由搜狐视频全力打造的独家微剧集《极品女士》，现在第四季已经播完了，其风格以轻松搞笑为主，旨在带给大家乐趣。

1.2.7　微电影：将人类的情感诉求融入其中

微电影是互联网时代的一种电影形式。因为微电影常常将人类的情感诉求融入其中，因此各大网络视频平台喜欢用这种方式传递品牌价值和品牌理念。微电影具备如图 1-17 所示的特点。

图 1-17　微电影的特点

以引发全民怀旧情感共鸣的一部微电影《老男孩》为例，虽然它没有出名的制作人，也没有大牌的导演和演员，但它凭借高质量的水准和完整感人的故事，意外地俘获了不少网友的心，也因此成功引爆微电影。尽管没有海报宣传，也没有票房的支撑，但它仍不失为一部成功的微电影。

此外，根据内容和风格的不同，微电影还可以分为不同的类型，具体内容如图 1-18 所示。

微电影作为具有完美故事情节的"迷你电影"，其显著的优点就是虽然没有一般电影那么长的时间，却能够将内容的精华完整地表达出来。而且，微电影的诞生与碎片化信息的接收方式的形成密不可分，甚至可以说，微电影的出现就是为了契合人们的碎片化信息的接收方式。

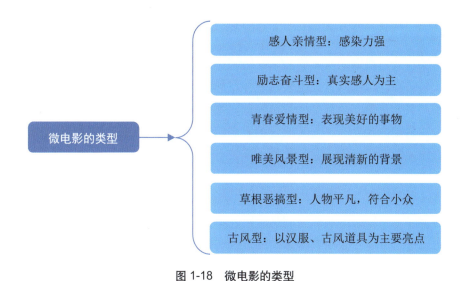

图 1-18 微电影的类型

1.2.8 影视短视频：限制开放的短视频形态

影视短视频是比较常见的一种短视频类型，经常上网的人不会惊讶它的存在，但一般人会好奇它究竟是怎样呈现在用户眼前的？笔者将其形成过程大致总结如图 1-19 所示。

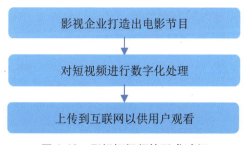

图 1-19 影视短视频的形成过程

专家提醒

影视短视频通常会出现在各大专业视频网站上，比如爱奇艺、搜狐、腾讯、优酷、PPS影音、暴风影音等，而且有的影视短视频会因为版权的原因，对普通用户限制开放，只有该视频网站的会员才能看到相关短视频。这是视频网站盈利方式中较为巧妙的一种。

1.3　7大优势，领略短视频营销魅力

营销，就是根据消费者的需求打造销售产品和服务的方式和手段。经过不断的探索与研究，营销的方式越来越多样，如网络营销、服务营销、体验营销、病毒营销、整合营销以及社会化营销等。短视频属于网络营销的一种，也是具有巨大潜力的营销方式之一。与其他营销方式相比，短视频营销有哪些得天独厚的优势呢？作为影音结合体，它又具备了哪些不可多得的魅力呢？

1.3.1　互动性强：使得短视频得以快速传播

短视频营销很好地吸取了网络营销的特点——互动性很强。几乎所有的短视频都可以进行单向、双向甚至多向的互动交流。对于企业而言，短视频的这种优势能够帮助企业获得用户的反馈，从而更有针对性地对自身进行改进；对于用户而言，他们可以通过与企业发布的短视频进行互动，从而对企业的品牌进行传播，或者表达自己的意见和建议。这种互动性使得短视频能够快速地传播，还能有效提升企业的营销效果。

以OPPO手机R17 Pro为例，它在新浪微博上发布了关于产品的短视频，如图1-20所示。它的目的是给自己发布的新品造势，吸引消费者的注意。不仅如此，它还通过公布抽奖结果的方式对产品和品牌进行宣传，可以说是"双重营销"，既有带给消费者动态短视频的直观感受，又有福利的大力吸引。

图1-20　OPPO手机在新浪微博上发布的短视频

1.3.2 传播快速：形成病毒式传播的效果

短视频营销还拥有传播速度快、难以复制的优势，因为短视频本身就属于网络营销，因此能够迅速地在网络上传播开来，再加上其时间短，适合现在快节奏的生活，因此，更能赢得广大受众的青睐和欢迎。

此外，用户在与短视频进行互动的过程中，不仅可以点赞、评论，还可以转发。一条饱含精彩内容的短视频，如果能够引发广大用户的兴趣并积极转发，那么就很有可能达到病毒式传播的效果。如美拍、梨视频等平台上的火爆视频，都可以通过转发来增加热度，实现短视频的营销。

除了短视频平台自身的转发和传播外，它们还积极与诸如新浪微博这样的社交平台达成合作，让精彩丰富的短视频通过流量庞大的微博发布出来，进而吸引更多的流量，推动短视频的传播。

短视频不仅传播快，而且还难以复制，这一优势是从哪里可以看出来的呢？很多短视频都可以加水印和原创者的联系方式，像图片、文章、音频等特别容易被复制粘贴，严重地损害了原创者的利益。

而短视频则比较难复制，这样一来就确保了信息的唯一性。图1-21所示为各大短视频平台发布的加水印的短视频。

图 1-21 带水印的短视频

1.3.3 成本较低：3个方面让营销简单可行

与传统的广告营销少则几百万，多则几千万的资金投入相比，短视频营销的成本算是比较低的了，这也是短视频营销的优势之一。成本低主要表现在三大方面，即制作的成本、传播的成本以及维护的成本。在制作短视频时，需要具备几个重要的因素，才能打造出质量上乘，能够吸引受众眼光的作品，具体条件如图 1-22 所示。

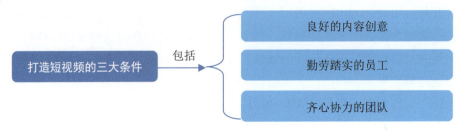

图 1-22　打造短视频的三大条件

短视频是否能够迅速地传播，关键就在于如何打造短视频的内容，内容有没有真正击中受众的痛点和需求点。比如 papi 酱的自创简单小视频，初期只靠一个人的自导自演，就轻而易举地引得无数网友转发和评论。图 1-23 所示为 papi 酱发布的"精致夏日都市丽人"短视频的内容。

从图中可以看出，一个小小的短视频，竟获得了十几万的点赞量和四万多评论量以及转发量，当然这其中也不乏利益的驱动，但总的来说还是达到了较好的传播效果。

papi 酱的短视频之所以能够以较低的成本获得较好的营销效果，是因为它能够命中广大受众的痛点，引起人们的情感共鸣，同时又通过幽默诙谐的方式将其演绎了出来。因此，她的成功不是偶然的。

图 1-23　papi 酱发布的"精致夏日都市丽人"短视频

专家提醒

随着受众群体对短视频内容要求的不断提高,短视频的打造也慢慢开始向专业化、团队化发展。虽然制作短视频的门槛较低,但如果想要借助短视频的力量获得良好的营销效果,就必须要有专业化的团队作为支撑,而且短视频营销也逐渐在向专业化的方向前进。

1.3.4 效果显著:边看边买形成巨大优势

短视频是一种时长较短的图文影音结合体,因此短视频营销能够带给消费者图文、音频所不能提供的感官的冲击,这是一种更为立体、直观的感受。因此,短视频只要符合相关的标准,就可以赢得消费者的青睐,使其产生购买产品的欲望。那么,利用短视频进行营销时,它需要符合哪些标准呢?笔者认为有三点,即内容丰富、价值高和观赏性好。

短视频营销的效果比较显著,一是因为画面感更强,二是因为短视频可与电商、直播等平台结合,实现更加直接的盈利。消费者可以边看短视频,边购买产品,这是传统的电视广告没有的优势。消费者在观看电视广告之后,一般都是通过电话购买、实体店购买以及网上购买等方式来满足购物欲望。但在这些方式中,消费者都不可避免地会遇到一些问题,比如在电话中无法很好地描述自己想购买的商品的特征、不想出门逛街购物等。

专家提醒

短视频营销的这一优势从消费者的购买行为上来看就很明显,比如一般消费者在观看电视广告后较少产生购买的行为,一是因为电视广告没有相关的产品链接,购买不便捷,二是因为移动互联网迅速发展,消费者大都喜爱利用上网的方式进行娱乐消遣,因此电视广告的受众范围有所缩小。这样一来,短视频营销就在市场中占据了一席之地。

短视频可以将产品的购买链接放置在展示产品画面的四周,或者播放短视频的窗口周围,这样一来,就可以实现"一键购买"了。图1-24所示为淘宝商家利用短视频进行营销,展示产品,其购买链接就在视频的右下方。

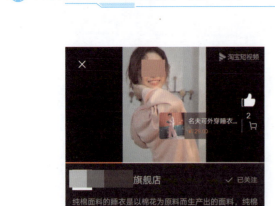

图 1-24　淘宝商家利用短视频进行营销

短视频营销的效果好其实就是得益于"边看边买",虽然图片文字也可以传递信息,但不如短视频直接和富有画面感,更加容易激发消费者的购买欲望。同时,在短视频营销目前的变现模式中,电商这部分内容还是值得挖掘的。因为电商发展得比较好,能够为短视频营销大展身手提供良好的平台。

1.3.5　指向性强:准确找到企业的目标用户

与其他类型的营销方式相比较,短视频营销还具有指向性强这一优势。因为它可以准确地找到企业的目标消费者,从而达到精准营销的目的。如何在茫茫人群中找到产品对应的受众群体呢?为什么会有人在短视频软件上聚集起来,甚至形成社区或者群组呢?

一是短视频平台通常都会设置搜索框,对搜索引擎进行优化。受众一般会在网站进行关键词的搜索,漫无目的闲逛的概率不大。因此,这一行为使得短视频营销更加精准。图 1-25 所示为美拍的搜索界面和搜索排行榜。

二是在短视频平台上发起活动比赛,聚集用户。图 1-26 所示为美拍举办的大咖出道吃出百魅活动。

图 1-25 美拍的搜索界面和搜索排行榜

图 1-26 美拍发起的大咖出道吃出百魅活动

美拍这样做既提升了用户的活跃度，又聚集了平台上爱好美食的用户共同贡献内容。由此可知，美拍找到了部分用户的共性，并很好地利用了这一点。

1.3.6　可衡量性：数据化效果有目共睹

短视频营销由于具有网络营销的特点，因此可以对视频的传播和营销效果进行分析和衡量。因为一般的短视频营销的语言，都是由数据构成的，因此大致内容如图 1-27 所示。

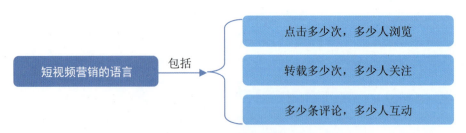

图 1-27　短视频营销的语言

这些营销语言其实也是有目共睹的，不管是社交平台上的短视频，还是垂直内容的短视频，都会展示出播放量、评论量等。图 1-28 所示为"在下杨舒惠"在新浪微博上发布的短视频内容。

图 1-28　"在下杨舒惠"在新浪微博发布的短视频内容

从图中可以看出，这条内容的效果显著，点赞量有一万六千多，转发量有五千多，而显示与用户互动的评论量也有七千多。总的来说，这个短视频是成功的，达到了不错的传播效果。

既然短视频营销可以自测效果，那么具体应该怎么做呢？笔者将其大致流程总结为如图 1-29 所示。

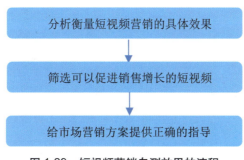

图 1-29　短视频营销自测效果的流程

1.3.7 "存活"久：即使不再投入也不停播

利用短视频进行营销有一个好处就是它的"存活"时间比较久，这么说可能有点抽象，做个比较，像电视广告如果想要持续向大众展现产品，就需要一直投入资金。一旦企业停止支付费用，就会被停播。

而短视频营销一时之间不会因为费用的问题而停止传播，因此"存活"的时间久。这也和短视频打造的较低成本分不开，比如快手、美拍、抖音上的短视频，大多都是用户自己制作并上传的。图 1-30 所示为快手平台上用户发布的短视频。

图 1-30　快手平台的用户创作内容

另外，大部分视频网站和应用的搜索权重比较高，我们发布的短视频会快速被搜索引擎收录，短视频的排名会比图文内容好很多、快很多。

专家提醒

　　这里提到的搜索权重又是什么意思呢?"权重"一般是指网站权重,网站权重是影响网站排名的重要因素,如果通过搜索引擎进行搜索,那么搜索引擎就会按照权重等来展示结果。因此,对于短视频而言,它的搜索排名比较靠前,因此存活的时间相对而言就会长一些。

第2章

发展定位：确保不被落下的运营基础

学前提示

面对短视频营销推广风口，运营者要想在竞争中获胜，就必须做好各项准备工作，特别是自身账号的发展定位问题。本章内容主要集中在4个方面，包括行业方向、用户画像、细分领域和内容定位，帮助运营者打好营销推广的基础。

要点展示

- ▶ 行业方向：掌好短视频的后续运营之舵
- ▶ 用户画像：描绘好你的目标用户蓝图
- ▶ 细分领域：确定好你能制胜的垂直方向
- ▶ 内容定位：奠定优质短视频打造的基础

2.1　行业方向：掌好短视频的后续运营之舵

俗话说："男怕入错行，女怕嫁错郎。"可见，行业选择对人生规划和职业规划来说都很重要。因此，短视频平台运营者想要获得更好的发展，那么，选择一个合适的行业发展方向非常关键。本节就从短视频运营过程中的行业方向选择出发来进行具体介绍。

2.1.1　根据个人情况：选择喜欢的或擅长的

在观看抖音短视频时，看到感兴趣的且发展比较火的短视频或抖音号，特别是那些展示一定才艺或手艺的短视频时往往就会想：如果我也会这些，那么是不是也能成为网络红人呢？可见，在选择短视频行业方向前，首先还是需要从自身出发来考虑。

一般来说，运营者需要从三个方面进行考虑，如图 2-1 所示。

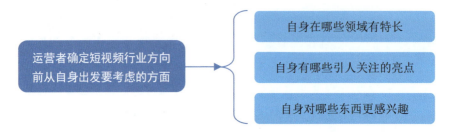

图 2-1　运营者确定短视频行业方向前从自身出发要考虑的方面

运营者只有从图 2-1 所示的三个方面来考虑和选择短视频行业方向，才能更有动力。特别是在特长和兴趣两方面，更是运营者应该必备的。有人不禁会问：一定要同时具备这两个方面吗？在笔者看来，答案是肯定的。只是不同的运营者，在这两个方面的比重会有所不同，如图 2-2 所示。

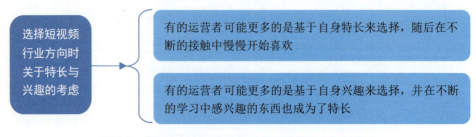

图 2-2　选择短视频行业方向时关于特长与兴趣的考虑

只有在有所偏重的情况下把特长与兴趣二者结合起来，才是短视频运营的正确之道，具体分析如图 2-3 所示。

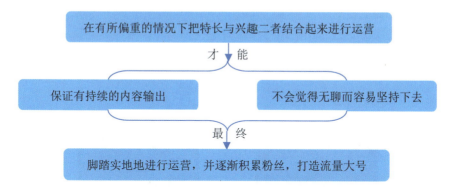

图 2-3　结合特长与兴趣的短视频运营分析

综上所述，运营者选择行业方向时必须从自身出发，而不能胡乱选择——平台上哪些行业内容做得好，自己就选择什么。这样很容易被动，且一般不会获得成功。只有在运营过程中有兴趣或特长的加持，才能长期坚持并发展下去。

2.1.2　根据产品行业属性：选择能完美契合的

在清楚自身实际情况后，运营者还需要考虑要推广的产品的行业属性。因为如果打造的短视频内容与产品行业属性完美契合，就能在运营上取得更好效果，具体如图 2-4 所示。

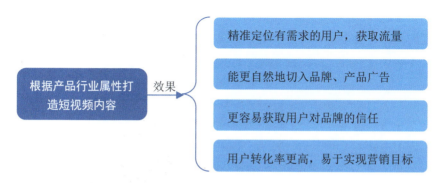

图 2-4　根据产品行业属性打造短视频内容的效果分析

可见，基于产品的行业属性来打造优质的、专业的短视频内容，可以在积累流量的同时让用户关注品牌和产品，最终实现短视频的营销目的。那么，关于短视频内容的行业方向，在具体运营中我们应该如何选择呢？在此，笔者以服装产品为例进行具体介绍。

作为一个服装行业的营销者，打造的短视频内容一定要与服装相关。其中比较典型的就是发布一些与穿搭技巧相关的短视频内容，这样更能吸引用户关注和购买。当然，运营者还可以基于自己所经营的服装方向，如女装、男装、童装等，在穿搭技巧的分享上有所偏重。图 2-5 所示为"抖音短视频"APP 上的内容与穿搭相关的用户和短视频举例。

图 2-5　"抖音短视频"APP 上的内容与穿搭相关的用户和短视频举例

2.1.3　根据行业领域：确定数据分析大致方向

利用 2.1.1 和 2.1.2 节介绍的两种方法初步确定短视频行业方向后，接下来就需要根据具体的数据来分析和判断，以便运营者了解该行业的用户画像和确定垂直细分领域。那么，运营者应该怎样去了解这些数据和内容呢？笔者在此以抖音短视频为例，为读者提供其在"西瓜短视频助手"平台上的数据。

下面首先介绍在平台上选择与摄影相关的抖音号的行业领域的操作。

运营者登录进入"西瓜短视频助手"平台，单击"播主排行"按钮，进入"行

图 2-6　单击"播主排行"按钮

业排行榜"页面,如图 2-6 所示。在"所属行业"区域选择所属行业方向,在此笔者单击"时尚"按钮,即可进入"时尚"播主排行榜页面,如图 2-7 所示。

图 2-7 "时尚"播主排行榜页面

进入该页面后,运营者即可选择与摄影相关的抖音号,通过了解它们的用户情况和运营数据,即可判断自身所选择的行业领域是否可行和热门的内容方向。

2.2 用户画像:描绘好你的目标用户蓝图

对短视频运营者来说,洞悉目标用户群体,是后期运营中进行精准推送和更快获取流量的关键。本节接着以所选择的"时尚"行业为例,介绍与摄影相关的抖音号的用户画像的数据情况。

在进行粉丝画像分析之前,首先需要从"时尚"播主排行榜中选择几个居于前列的与摄影相关的抖音号作为标本进行分析。图 2-8 所示为用户画像分析中所选择的 3 个抖音号。

图 2-8 用户画像分析中所选择的 3 个抖音号

由图可知，笔者选择的是"图匠摄影师郑浩""星岚摄影社"和"彼爱旅拍摄影师晓东"三个抖音号。确定要分析的抖音号后，运营者可单击每个抖音号右侧的"详情"按钮进入相应页面，然后在"数据分析"页面即可了解该抖音号的粉丝详情。

2.2.1 性别：男女比例各占多少

行业不同、短视频内容不同，抖音号用户的性别属性也会存在一定的相同点和不同点。而运营者要做的是，从这些共性的性别属性中，确定自身要运营的短视频平台账号的目标用户群体的性别属性。

图 2-9 ～图 2-11 所示分别是"图匠摄影师郑浩""星岚摄影社"和"彼爱旅拍摄影师晓东"抖音号的用户性别分布图。

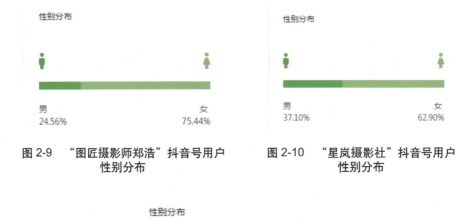

图 2-9　"图匠摄影师郑浩"抖音号用户性别分布　　图 2-10　"星岚摄影社"抖音号用户性别分布

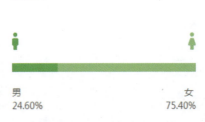

图 2-11　"彼爱旅拍摄影师晓东"抖音号用户性别分布

由图 2-9、图 2-10 和图 2-11 可知，"图匠摄影师郑浩""星岚摄影社"和"彼爱旅拍摄影师晓东"三个与摄影相关的抖音号的用户性别分布中，女性用户占比远远多于男性用户占比。可见，不仅"抖音短视频"APP 的用户以女性用户为主，该平台上的摄影类账号用户也是以女性为主。

运营者可基于"抖音短视频"APP的用户性别分布情况，制定不同于微信公众号、头条号等平台的内容运营策略，增加更多适合女性用户的摄影内容。

2.2.2 年龄：哪个年龄段用户居多

图2-12、图2-13、图2-14所示分别是"图匠摄影师郑浩""星岚摄影社"和"彼爱旅拍摄影师晓东"抖音号的用户年龄分布图。将鼠标指针移至占比最大的年龄段色块上，可显示该年龄段的用户占比数据。

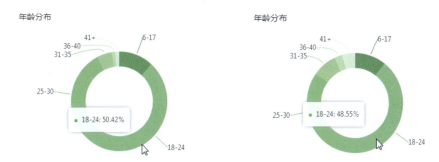

图2-12　"图匠摄影师郑浩"抖音号用户年龄分布

图2-13　"星岚摄影社"抖音号用户年龄分布

图2-14　"彼爱旅拍摄影师晓东"抖音号用户年龄分布

由图2-12～图2-14可知，"图匠摄影师郑浩""星岚摄影社"和"彼爱旅拍摄影师晓东"三个与摄影相关的抖音号的用户年龄分布中，占比最多的是18～24这一年龄段的用户，几乎都在一半左右；其次是25～30这一年龄段的用户。然而无论是18～24这一年龄段，还是25～30这一年龄段，都表明这三个抖音号的用户年龄大多在18～30岁，偏向年轻群体。

可见，这三个抖音号的用户年龄属性与"抖音短视频"APP的用户年龄属性大体相符，由此可知它们的短视频内容是符合平台整体的用户定位的。因而这些抖音号获得大量用户关注也就不足为奇了。

从这一角度来看，运营者可以根据自身情况，在观看了这些抖音号内容的情况下安排后续的短视频内容，力图打造出符合用户偏好和能满足用户需求的内容。

2.2.3 地域：主要分布在哪些地区

图2-15～图2-17所示分别是"图匠摄影师郑浩""星岚摄影社"和"彼爱旅拍摄影师晓东"抖音号的用户地域分布图。在地域分布图中，有"省份"和"城市"两类分布数据，运营者可以一一查看。

地域分布	省份 | 城市	地域分布	省份 | 城市
名称	占比	名称	占比
广东	12.34%	北京	7.09%
江苏	6.50%	重庆	5.22%
山东	6.15%	广州	4.85%
浙江	5.84%	深圳	4.55%
河南	5.84%	上海	4.18%
四川	5.09%	成都	3.96%
安徽	4.11%	苏州	3.06%
河北	4.08%	杭州	2.46%
湖南	3.88%	郑州	2.46%
北京	3.72%	青岛	2.39%

图2-15 "图匠摄影师郑浩"抖音号用户地域分布

地域分布	省份 | 城市	地域分布	省份 | 城市
名称	占比	名称	占比
广东	12.87%	北京	7.54%
江苏	6.79%	成都	6.66%
四川	6.63%	上海	5.53%
浙江	5.46%	深圳	5.28%
山东	5.38%	武汉	4.52%
河南	4.91%	广州	4.40%
湖北	4.84%	西安	4.15%
北京	4.68%	重庆	3.77%
云南	4.45%	长沙	2.51%
陕西	3.59%	乌鲁木齐	2.51%

图2-16 "星岚摄影社"抖音号用户地域分布

地域分布	省份|城市	地域分布	省份|城市
名称	占比	名称	占比
广东	13.18%	上海	8.40%
四川	6.42%	广州	6.30%
江苏	6.09%	成都	5.85%
河南	5.42%	北京	5.63%
浙江	5.29%	重庆	5.33%
山东	5.00%	深圳	4.80%
云南	4.87%	西安	3.45%
上海	4.70%	杭州	3.00%
湖南	3.82%	昆明	3.00%
湖北	3.57%	东莞	2.55%

图 2-17 "彼爱旅拍摄影师晓东"抖音号用户地域分布

由图 2-15～图 2-17 可知，"图匠摄影师郑浩""星岚摄影社"和"彼爱旅拍摄影师晓东"三个与摄影相关的抖音号的用户地域分布中，"省份"分布图显示占比最多的都是广东省，且都在 12% 以上，远多于其他省份；"城市"分布图显示占比排名前十的是经济发达的城市，特别是"北上广深"和"成都""重庆"六大城市，在这三个抖音号的用户地域分布中都出现在前十的排名中。

因此，运营者可以基于这些省份和城市的用户属性和工作、生活，进行资料的搜集和整理，还可以基于抖音号的"同城"功能进行城市的切换，观看这些地方比较火的短视频内容。最后进行归纳总结，安排一些目标用户可能感兴趣的内容，相信这样可以吸引到更多的用户观看。

2.2.4 星座：哪些星座的用户最多

图 2-18～图 2-20 所示分别是"图匠摄影师郑浩""星岚摄影社"和"彼爱旅拍摄影师晓东"抖音号的用户星座分布图。图中对十二个星座的用户一一进行了展示。

由图 2-18～图 2-20 可知，"图匠摄影师郑浩""星岚摄影社"和"彼爱旅拍摄影师晓东"三个与摄影相关的抖音号的用户星座分布中，占比最多的是摩羯座，其用户占比都在 10% 以上。另外，大家可能已经发现了，"星岚摄影社"和"彼爱旅拍摄影师晓东"抖音号用户群体中的天秤座的占比也突破了 10%。

运营者可以基于这些占比较大的用户群体，推荐一些与他们的星座相关的摄影内容，或者基于占比较大的用户的共性特征，推荐相关内容。这样的话，可以更顺利地进行短视频运营推广。

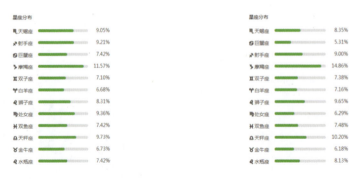

图 2-18　"图匠摄影师郑浩"抖音号用户星座分布　　图 2-19　"星岚摄影社"抖音号用户星座分布

图 2-20　"彼爱旅拍摄影师晓东"抖音号用户星座分布

2.3　细分领域：确定好你能制胜的垂直方向

上文已经对所选行业领域的目标用户的属性有了大致分析，相信运营者心中已经有了一个比较完整的用户画像。接下来就是对所选行业领域进行更深入的分析，以便确定自身账号要着重关注的垂直领域，做好更精细化的运营。

本节仍然以上一节中的"图匠摄影师郑浩""星岚摄影社"和"彼爱旅拍摄影师晓东"三个抖音号为例，分析与摄影相关的评论词云和热门视频，并从中找出自身所要运营的行业方向的垂直维度特征，最终根据特征确定垂直细分领域。

2.3.1　评论词云：了解用户关注的舆论内容

图 2-21 ～图 2-23 所示分别是"图匠摄影师郑浩""星岚摄影社"和"彼爱旅拍摄影师晓东"抖音号的评论词云展示图。

图 2-21 "图匠摄影师郑浩"抖音号评论词云　　图 2-22 "星岚摄影社"抖音号评论词云

图 2-23 "彼爱旅拍摄影师晓东"抖音号评论词云

通过抖音号的评论词云展示图,运营者可以直观、清晰地知道某一抖音号在用户心中的印象。由图 2-21～图 2-23 可知,其中最突出的用户评论内容是"喜欢""好看",且这样的评论内容是基于短视频的内容质量来说的——优质的、好看的短视频获得了用户的赞赏和青睐,从而由衷地给出了"喜欢"的肯定评论。

除此之外,"婚纱照"也是抖音号的评论词云中出现频率高且比较显眼的评论词,可见,在短视频的题材选择方面,关于婚纱这一内容类型的短视频明显更受抖音用户关注。

相较于"图匠摄影师郑浩"和"彼爱旅拍摄影师晓东"两个抖音号,"星岚摄影社"抖音号的评论词云中除了"喜欢"这一个与其他两个抖音号相同的评论词外,还有一个更显眼的"哈苏"和"星岚""摄影""厉害"等稍次一点的评论词。其中,"哈苏"指的是相机品牌,"星岚"则是抖音号名称。而其评论词也恰好体现了"星岚摄影社"抖音号的账号介绍和定位,即"(哈苏相机)中国幅画质+顶级(布朗灯)营造极致影像体验"。

在"西瓜短视频助手"后台的"评论词云"中,运营者只要点击左侧相应的评论词或在右侧上方的搜索框中输入关键词,右侧搜索框下方即会显示与该评论词相关的评论内容。图2-24所示为"星岚摄影社"抖音号的评论词"哈苏"的搜索结果页面。

图2-24　"星岚摄影社"抖音号评论词云

2.3.2　热门视频:认清各平台的短视频特色

图2-25～图2-27所示分别是"图匠摄影师郑浩""星岚摄影社"和"彼爱旅拍摄影师晓东"抖音号的"播主视频"页面的"最热"视频作品展示。

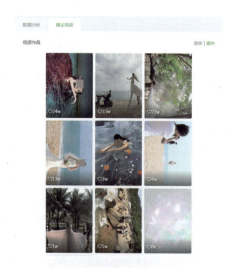

图2-25　"图匠摄影师郑浩"抖音号最热视频作品

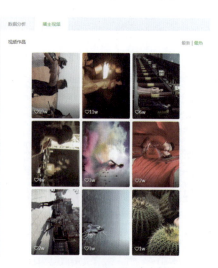

图2-26　"星岚摄影社"抖音号最热视频作品

图 2-27 "彼爱旅拍摄影师晓东"抖音号最热视频作品

运营者可以在"播主视频"页面点击相应短视频，了解短视频的具体内容，并从众多点赞量高的视频内容中总结各个抖音号的短视频亮点和优势，从而为自身账号的内容运营提供方法和借鉴。

2.3.3 维度特征：确定运营方向的细分领域

对运营者来说，有了摄影这一行业领域的用户画像、评论词云和热门视频等抖音号的数据信息后，大概已经对平台上该领域的短视频产品有了比较全面且清晰的认识，然后就可从自己了解的情况出发，确定自身账号的垂直细分领域并进行运营了。

如从上文中的用户画像、评论词云和热门视频可以看出，在抖音短视频平台上，用户多是居于经济发达城市且年龄在 18~30 岁之间的女性用户，她们对颜值高的短视频内容有着浓厚的兴趣。基于此，运营者可以在确定自身运营方向时，着重推出一些视频高颜值、模特高颜值、布景高颜值、特效高颜值等方面的内容，以期吸引潜在目标用户的关注。

还要注重内容方面，专注于某一题材进行更加垂直化的、深入的短视频拍摄，如婚纱特效、我国文化、摄影构图等，只要用心运营和不断积累，经常推出优质短视频内容，必然会成就大号。

2.4 内容定位：奠定优质短视频打造的基础

确定了自身账号的内容运营方向后，接下来就是如何更好、更快地创造短视频内容。本节从素材搜集和短视频内容创作原则出发来进行介绍，为打造优质内容提供参考依据和定位思考。

2.4.1 素材搜集1：视频APP内容

短视频内容是新媒体领域的重要内容形式之一，随着短视频平台和关注用户的增多，各个短视频APP上的内容可以说是种类繁多，并涉及生活和工作中的各个方面，基本可以满足有不同兴趣爱好的用户需求。而这些APP上的短视频，是完全可以搬运过来作为视频素材的。当然，这样的视频不能称为原创视频，但视频素材选择得好，还是可以起到吸粉引流作用的。

2.4.2 素材搜集2：视频网站内容

除了短视频APP以外，国内外的视频网站上也有大量的、不同类别的视频，如在我国知名的腾讯、优酷等视频网站上，就有几十种类型。图2-28所示为优酷网站上的视频类别展示。其中的视频内容都可以作为视频创作者用来剪辑加工的视频素材。图2-29所示为微博平台上推出的源自于腾讯视频网站的短视频案例。短视频右上角还有腾讯视频的水印。

而且，与直接从短视频APP上下载的素材不一样，从视频网站上下载的视频素材经过剪辑加工后还是可以申请原创的。因此，这不失为一种便捷的、优质的视频素材获取途径。

图2-28　优酷视频网站的视频类别展示

图 2-29 微博平台上推出的源自于腾讯视频网站的短视频案例

2.4.3 素材搜集 3：经典电影片段

自从电影诞生以来，出现了众多的经典影片，其中必然有你喜欢的，且在看到影片中的某一片段时，还会有一些感悟和观点。这些感悟和观点，都是可以作为短视频素材来源内容的，把它们录制下来，再加上经典影片片段，就很容易打造一个让人喜欢而又是原创的短视频了。

要注意的是，经典片段的选择是非常重要的，对运营者来说，首先需要选择是自己喜欢的，这样才能有比较深刻的理解和独到的观点，也只有这样，才不负经典影片，不负原创之名。

2.4.4 素材搜集 4：自身拍摄视频

除了上述 3 种方法可以获得短视频素材外，运营者还可以通过亲自拍摄视频来完成获取素材这一短视频制作的准备工作。当然，要想拍摄视频，那么运营者在拍摄技能和视频处理水平上需要精通，这样才能保证创作和发布出来的短视频内容是优质的。

图 2-30 所示为"手机摄影构图大全"抖音号发布的以自己拍摄的视频为素材的短视频内容，是不是能吸引你的关注呢？

另外，自己拍摄视频，也不是可以随便拍摄和发布的，在拍摄题材和视频画面选取方面要注意。例如，如果抖音号的定位是摄影类，那么在拍摄时就可以选择一个大家常见的却拍不好的场景，然后选取自身擅长的拍摄领域，如特写、微距或全景，进行拍摄技巧的讲解。一般来说，这样拍摄出来的视频非常好，而且大多会吸引用户点击播放。

图 2-30　"手机摄影构图大全"抖音号发布的以自己拍摄的视频为素材的短视频内容

2.4.5　创作原则 1：垂直性和差异性

经常关注短视频平台的用户会发现，入驻平台的账号越来越多，但是大多数账号发布的内容都雷同，且没有什么特色，并不能吸引很多用户关注，其播放量也就停留在个位数、十位数等阶段，完全不能与动辄有上万、十万、百万播放量的短视频内容相比。

那么，有些短视频内容为什么能取得如此好的运营效果呢？在笔者看来，其本质就在于内容的优质。而在同质化情况严重的短视频运营环境中，要体现内容的优质，其垂直性和差异性必不可少。

在此，以摄影类的短视频为例，介绍如何打造具有垂直性和差异化的吸睛的短视频内容。

在移动互联网快速发展的时代，手机短视频已经成为摄影的常态。而在手机短视频拍摄中，如何实现其垂直化呢？创建和运营"手机摄影构图大全"一系列账号的构图君就找到了一个好的垂直发展方向，那就是构图。

相较于其他摄影类账号而言，构图君从构图入手，这是打造垂直化内容的第一步；接着，构图君又从更细分的角度出发，在这一路上走得更远——对各种构图方法进行细分，且结合不同场景来进行实践拍摄。图 2-31 所示为"手机摄影构图大全"抖音号推出的关于构图方法细分的短视频内容。

图 2-31　"手机摄影构图大全"抖音号推出的关于构图方法细分的短视频内容

又如，一个名为"我的狗子叫鳌拜"的抖音号，其内容在垂直化方面就做得很好。相较于其他拍各种萌宠的抖音号作者，这一抖音号播主就只拍狗，如图 2-32 所示，实现了初步垂直化。当然，其差异化也就有了。然后这一抖音号播主又积极进行狗的技能和视频内容开发，拍摄各种难度较高的短视频内容，如图 2-33 所示，从而使得短视频浏览量迅速攀升。

图 2-32　只拍狗的垂直化抖音号　　　图 2-33　拍摄难度高、不常见场景的短视频

2.4.6　创作原则2：要尽量原创

在本节介绍的素材搜集方法中，有3种都是借用了其他平台或原有视频内容的。那么，是不是就代表运营者完全可以搬运其他人创作的视频来维持自身账号的内容运营呢？当然不是。前面说的只是素材搜集的方法，运营者还需要在搜集素材的基础上进行深度创作，这样才能算得上原创的短视频内容。

若纯粹只是在账号运营中进行短视频内容的搬运，即使能通过它们博取众人的眼球，但是对平台的长远发展也是不利的，具体如图2-34所示。

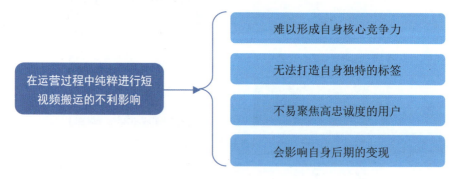

图2-34　在运营过程中纯粹进行短视频搬运的不利影响

可见，要想把短视频运营账号顺利发展下去，并打造短视频品牌和实现快速变现，就必须有原创的、优质的短视频内容，而不能完全依赖搬运。只有这样，才能在短视频行业竞争中获胜。这一原则是必须遵守的，且要在账号创建前就必须有一个清楚的定位，才能在运营过程中得心应手。

第 3 章

视频拍摄：打造出高质量的抖音短视频

学前提示

拍摄短视频是进行短视频运营推广的关键，且一个优质的短视频能帮助运营者收获更多的流量。那么，如何才能拍摄出优质的短视频呢？本章就以抖音为例，从拍摄前准备、抖音拍摄功能、切换音乐拍摄流程、拍摄提升技巧和拍摄后发布5个方面介绍优质短视频的拍摄。

要点展示

▶ 做好准备：拍出高质量短视频的基础

▶ 拍摄功能：6大入口抖音拍摄任你选

▶ 拍摄流程：3大步骤拍摄抖音短视频

▶ 拍摄提升：5大技巧拍出优质短视频

▶ 视频发布：5个方面优化推广的效果

3.1 做好准备：拍出高质量短视频的基础

初来乍到拍摄短视频，肯定对需要做什么准备工作都不甚了解。实际上，拍摄前需要掌握的知识往往是最重要的，它决定了短视频是否能够拍出水平和质量。本节将介绍拍摄高质量短视频的相关准备工作，帮助大家提前了解，做好准备。

3.1.1 选择对象：清晰传达短视频的中心思想

短视频的拍摄，有一个要点要注意，那就是要明确地体现出短视频想要表达的主题。往往有中心思想的短视频，才有其独特的魅力。而要想更好地表达短视频的中心思想，就需要短视频有一个良好的画面呈现。而良好画面的呈现，就需要在选择拍摄对象时加以注意，这样才能保证更清晰地表达与传递短视频的中心思想。

1. 选择主体：放置在最突出位置

所谓主体就是指短视频所要表现的主题对象，它是反映短视频内容与主题的主要载体，也是视频画面的重心或中心。在短视频拍摄中，主体的选择十分重要，它关系到拍摄者想要表达的中心思想是否准确。

在展现拍摄主体时必须直接而清晰，并将其放置在短视频画面中的突出位置，如图 3-1 所示。这是因为短视频的内容有限，必须在很短时间内就让受众明白要描述的主体和要表达的主题。

图 3-1 将主体放在画面中的突出位置

在展现视频拍摄主体时，一般用得比较多的构图方式是主体构图或中心构图。

也就是让主体充满视频画面，或者将其放在视频画面的中间位置，也可以让画面中的主体占据大比例，使用明暗对比手法衬托主体，或者使用色彩对比手法等。

2. 选择陪体：让画面层次更丰富

所谓陪体，就是指在视频画面中对拍摄主体起到突出与烘托作用的对象。一般来说，在视频中，主体与陪体相辅相成、相互作用，使视频画面层次更加丰富，也使视频的主题随着主体与陪体的相互作用而不断加强。

大多数时候，视频画面中出现的陪体往往不可或缺。一旦陪体被去掉，视频画面的层次感就会降低。与此同时，视频想要表达的主题也就随之减少甚至消失。这也说明了在视频拍摄当中，一旦出现了陪体，那么其作用不可小觑，如图 3-2 所示。

图 3-2　视频画面中出现陪体

从图 3-2 中可以看出，视频画面的主体是美食，碧绿的小草则以陪体的形式出现在画面中，让视频画面的层次更加丰富，使视频画面更具有生命力与活力。

在拍摄视频的时候，如果准备在视频画面中加入陪体，则需要注意陪体所占据的视频画面的面积不可大于视频主体。另外，要合理调整主体与陪体之间的位置关系和色彩搭配，切不可"反客为主"，使视频主体失去主导地位。

3. 选择环境：加强对主体的理解

拍摄环境，与陪体非常类似，主要是对视频拍摄主体进行解释、烘托和加强，帮助观众理解视频主体，让视频的主体和主题都更加清晰明确。

视频拍摄中的环境选择，大致分前景与背景两方面。前景在视频中能起到增加视频画面纵深感和丰富视频画面层次的作用，如图 3-3 所示。而背景可以让拍摄主体的存在更加和谐、自然，同时还可以对视频拍摄主体所处的环境、位置、时间等做一定的说明，更好地突出主体、营造视频画面的气氛，如图 3-4 所示。

图 3-3　视频拍摄前景展示

图 3-4　视频拍摄背景展示

4. 选择时间：要注意抓住时机

对于视频拍摄来说，拍摄时机也很重要。比如你想要拍摄荷花，就必须夏天拍摄，想要拍摄露珠，就必须清晨或者傍晚拍摄。而且对于同一个视频拍摄主体来说，在不同时间点拍摄的画面所呈现的效果也是完全不同的。

3.1.2　辅助设备：保证手机短视频画面稳定

可以选择的拍摄视频的设备有手机、专业摄像机和 DV 摄像机等。运营者除了可以利用自身掌握的一些拍摄技能来提升短视频的稳定性外，还可通过一些辅助工具使视频画面不受外界的影响，拍出稳定完美的效果。

对于喜欢用手机拍摄视频的运营者来说，在运动或行走时，仅仅依靠单手或双手为手机做支撑，往往很难保证手机视频画面的稳定性。这也是拍摄视频过程中普遍遇到的难题。针对这一问题，笔者就来为大家具体介绍几款能让手机稳定拍摄的工具。

1. 手机视频稳拍器

在用手机拍摄视频的时候，拍摄者可以利用手机视频稳定器，来防止因手机晃动而导致视频模糊的情况。

手机视频稳定器一般是指手持云台,也就是将云台的自动稳定系统应用在手机视频拍摄上。它能自动根据视频拍摄者的运动或角度调整手机方向,使手机一直保持在一个平稳的状态,无论视频拍摄者在拍摄期间如何运动,手持云台都能保证手机视频拍摄的稳定。图3-5所示为手持云台。

手持云台一般较轻,女生也能轻松驾驭。可以一边充电一边使用,续航时间也很乐观,而且还具有自动追踪和蓝牙功能,即拍即传。部分手持云台连接手机之后,无需在手机上操作,也能实现自动变焦和视频滤镜切换。对于使用手机拍摄视频的人群而言,手持云台是一个很棒的选择。

图 3-5　手持云台

2．手机支架

手机支架,顾名思义,就是支撑手机的支架。一般来说,手机支架可以将手机固定在某一个地方,解放双手,所以,手机支架也能帮助拍摄者在拍摄视频时,保证手机的稳定性。

现在市面上的手机支架种类很多,款式也各不相同,但大都是由夹口、内杆和底座组成,能够夹在桌子、床头等地。

使用手机支架拍摄手机视频要注意的是,手机支架保持手机的稳定是因为支架被固定在某一个地方。一般来说,手机支架多在视频拍摄主体运动范围较小时使用,如果运动范围较大,超出了手机镜头的覆盖范围,拍摄者依然需要将手机支架或手机拿起来,这样依然不能保证手机的稳定。

所以,手机支架多用于小范围运动的视频拍摄,拍摄视野和范围最好不要超过手机镜头的覆盖范围。只有这样,才能保证手机的稳定,也才能够保证视频画面的稳定。

3.2　拍摄功能:6大入口抖音拍摄任你选

随着短视频内容的盛行,短视频APP不仅在数量上有了指数级增长,在功能上同样也有了很大的创新和发展。比如"抖音短视频"APP,它就具备多种拍摄短视频的功能和入口。

本节就以"抖音短视频"APP为例,介绍6种大家熟悉的短视频拍摄方法。希望阅读完本节内容,读者能对"抖音短视频"APP的短视频拍摄有一个全新的了解。

3.2.1 拍同款:巧妙借用好听的背景音乐

一打开"抖音短视频"APP,就会看到平台推荐的一些比较热的短视频内容。如果运营者觉得某个短视频的背景音乐是你喜欢的或拍摄视频要用到的,那么就可借助其拍摄同款短视频。

利用"抖音短视频"APP的"拍摄同款"功能拍摄短视频的操作如下。

进入"抖音短视频"APP"推荐"页面,上下滑动选择自己喜欢的短视频,点击右下角的"原创背景音乐"按钮,如图3-6所示;进入相应页面,点击"拍同款"按钮,如图3-7所示,即可进入短视频拍摄页面开始拍摄同款短视频。

图3-6 点击"原创背景音乐"按钮

图3-7 点击"拍同款"按钮

3.2.2 切换音乐拍摄:更多音乐可供使用

如果运营者觉得当前短视频内容的背景音乐与自己要拍摄的短视频内容不匹配,也可在拍摄前或拍摄完成后切换音乐。在此,笔者以在拍摄前切换音乐为例来介绍切换音乐拍摄功能的操作过程。

进入"抖音短视频"APP"推荐"页面,点击下方的[+]按钮,如图3-8所示;进入视频拍摄页面,点击上方的"选择音乐"按钮,如图3-9所示,即可切换音乐进行拍摄。后续的选择背景音乐操作将在3.3.1节详细介绍,这里不再赘述。

图 3-8 点击[+]按钮

图 3-9 点击"选择音乐"按钮

3.2.3 视频上传制作：轻松合成短视频

在"抖音短视频"APP上，除了可以拍摄即时短视频外，还可以把以前拍摄的短视频内容上传，并通过编辑制作合成短视频。本节就介绍在抖音上上传并制作短视频的方法。

步骤 01 进入"抖音短视频"APP首页，点击下方的[+]按钮，如图3-10所示；进入视频拍摄页面，点击"上传"按钮，如图3-11所示。

图 3-10 点击[+]按钮

图 3-11 点击"上传"按钮

步骤 02 执行操作后，即可进入"上传"页面。在"视频"页面，选择一个上传的视频，如图3-12所示；进入相应页面选择视频范围，如图3-13所示；

然后合成视频并进行编辑,即可完成视频的制作。

图3-12 选择一个上传的视频

图3-13 选择视频范围

3.2.4 图片电影:15秒视频的多场景展现

在"抖音短视频"APP上,不仅可以用上传的视频制作和编辑合成短视频,同样可以通过编辑图片合成短视频,形成图片电影。本小节就介绍在"抖音短视频"APP上合成照片电影的操作。

首先按照上一小节中的步骤 01 进行操作,进入"上传"页面。在"图片"页面,选择多张图片,此时会在右上角出现"生成照片电影"字样,点击该字样,如图3-14所示;执行操作后,即可进入相应页面对照片电影进行编辑,如图3-15所示。

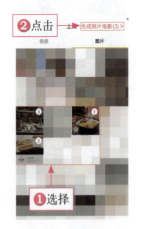

图3-14 选择图片并点击"生成照片电影"字样

图3-15 编辑照片电影页面

3.2.5 参与挑战赛：借助热点收割流量

"抖音短视频"APP为众多爱好短视频的新媒体运营者提供了展示才华的舞台，那就是抖音上的各种挑战赛。

对于那些没有流量和粉丝但内容优质的运营者来说，参加挑战赛是一个不错的选择——它可以让你凭借优质的内容，借助挑战赛的热点和其中的其他有流量的抖音号来快速获取用户关注。

本小节就为大家介绍进入和参与挑战赛的方法和操作。

进入"抖音短视频"APP首页，切换到"消息"页面，点击"抖音小助手"按钮，如图3-16所示；进入相应页面，上下翻动页面，点击选中的挑战赛右侧的"参与"按钮，如图3-17所示；进入该挑战赛页面，点击下方的"参与"按钮，如图3-18所示，即可进入页面拍摄和编辑短视频内容。

图3-16　点击"抖音小助手"按钮

图3-17　点击"参与"按钮

图3-18　点击"参与"按钮

3.2.6 直播拍摄：零基础打造个性化视频

在"抖音短视频"APP中，还有一个实时视频功能，那就是抖音直播，它是在抖音"故事相机"功能入口的基础上发展起来的。

当然，抖音的直播功能并不是所有抖音用户都可使用的，它还需要运营的抖音号具备一定的条件。一般来说，要开通抖音直播功能，可分为三个标准，如图3-19所示。抖音号只要达到其中任意一个标准即可申请开通。

图 3-19　开通抖音直播功能的三个标准

在"抖音短视频"APP 中，点击首页中"推荐"页面右上角的 ⬛⬛ 按钮，如图 3-20 所示，即可在该页面上方显示正在直播的热门内容，此时 ⬛⬛ 变为 🔴 状态，如图 3-21 所示。当然，这也是运营者进入直播间的一个重要入口。

图 3-20　点击 ⬛⬛ 按钮

图 3-21　显示热门直播

3.3　拍摄流程：3 大步骤拍摄抖音短视频

上面介绍了"抖音短视频"APP 的多种短视频拍摄功能，而短视频 APP 的视频拍摄又有很多相似之处，因而一通百通，相信大家已经对短视频平台的视频拍摄有了比较多的了解。

在此，笔者为了进一步深化上面介绍的"抖音短视频"APP 的多种拍摄功能，特意选取了一种大家常用的短视频拍摄方法——切换音乐拍摄来进行介绍。

3.3.1　切换音乐拍摄步骤 1：选择背景音乐

在"抖音短视频平台"APP 上，若运营者利用切换音乐拍摄短视频，则一个关键步骤就是在拍摄前选择和设置好背景音乐。通过 3.2.2 节内容可知，运营者可以点击短视频拍摄页面的"切换音乐"按钮进入"更换配乐"页面。图 3-22 所示为"抖音短视频平台"APP 的"更换配乐"页面。

在该页面上显示了不同的音乐类别和热门歌曲。运营者还可以点击音乐类别区域右下角的"更多"按钮···进行查看，如图 3-23 所示。

图 3-22　"更换配乐"页面　　　图 3-23　查看更多配乐分类

在此，笔者点击"国风"按钮进入"国风"页面，选择需要的配乐，如图 3-24 所示；此时会出现"确定使用并开拍"按钮，点击该按钮，如图 3-25 所示，即可进入视频拍摄页面进行拍摄了。

图 3-24　选择需要的配乐　　　图 3-25　点击"确定使用并开拍"按钮

专家提醒

当然,如果运营者在拍摄前已经想好要选择的背景音乐,为了快速找到该音乐,也可以在"更换配乐"页面上方的搜索栏中进行搜索,这样可以节省查找的时间成本。

3.3.2 切换音乐拍摄步骤2:正式拍摄短视频

在"抖音短视频平台"APP的视频拍摄页面,运营者可以利用"拍照""单击拍摄"和"长按拍摄"三种方法拍摄。同时还可以利用该页面上的功能和按钮进行拍摄设置。在此笔者以单击拍摄为例介绍短视频的拍摄。

在视频拍摄页面,点击"单击拍摄"按钮进行拍摄,如图3-26所示;在拍摄过程中,如果运营者要分多个场景或因为某一原因而暂时停止拍摄,点击图3-27中的按钮即可。因为抖音短视频的默认时长规定为15秒,因此,当拍摄的视频时长已有15秒时会自动停止拍摄并对视频进行合成。

图3-26 点击"单击拍摄"按钮

图3-27 点击相应按钮暂停拍摄

运营者每拍一段视频,都会在右下角出现 和 图标,如图3-28所示。如果运营者希望保留上一段视频,可以点击 图标;如果运营者希望删除上一段视频,可以点击 图标,然后在弹出的提示框中点击"确定"按钮,如图3-29所示。

图 3-28 出现 ⓧ 和 ✓ 图标

图 3-29 点击"确定"按钮

在拍摄视频时，相信大家已经注意到了，在视频拍摄页面，还有一些按钮和图标，下面一一进行介绍。

翻转：可以在前置摄像头和后置摄像头之间进行切换。一般来说，都选用后置摄像头，自拍除外。

速度关 / 开：可以用来设置拍摄速度。当该按钮处于"速度开"状态时，会在页面上出现 5 个设置拍摄速度的选项 极慢 慢 标准 快 极快，运营者可以为要拍摄的视频选择合适的拍摄速度。

美化：包括"滤镜"和"美颜"两项，如图 3-30 所示。运营者可以选择相应的选项设置拍摄视频的效果：如可以根据拍摄对象来选择合适的滤镜；在拍摄人物时可以调整美颜效果。

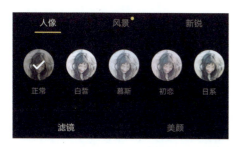
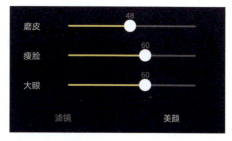

图 3-30 "滤镜"和"美颜"设置页面

倒计时：可以设置拍摄时间。图 3-31 所示为"倒计时"设置页面。如果想要拍摄 15 秒视频，保持默认设置即可；如果想要拍摄 10 秒或其他时长的视频，则可以拖动右侧的拉杆选择暂停位置，然后点击"开始拍摄"按钮即可拍摄相应时长的短视频。这对于分多段拍摄的短视频非常适用——可以合理安排各段视频的时长。

图 3-31 "倒计时"设置页面

剪音乐：这一图标只有在选择了背景音乐的情况下才会出现。点击该图标后，运营者可以通过左右拖动声谱来剪取音乐，如图 3-32 所示，然后点击 图标即可确认剪取的音乐。

图 3-32 "剪音乐"设置页面

更多：可以为视频的拍摄进行更多的设置，有些会包含"时长"和"闪光灯"两个选项，有些就只有"闪光灯"一个选项。在"闪光灯"的设置中，可以切换闪光灯的开关状态，建议在弱光环境下开启闪光灯功能。

3.3.3 切换音乐拍摄步骤 3：短视频剪辑加工

短视频的剪辑加工包括多方面的内容，如声音、剪音乐、特效和字幕等。在智能手机普遍应用和各种 APP 纷纷出现的情况下，这些都可通过手机来完成。特别是一些受大家青睐的短视频后期加工 APP，如小影、剪辑、美摄等，可在后期加工中让视频质量更上一层楼。

除了手机 APP 可以完成后期加工外，运营者还可以利用专业的视频编辑软件来操作，如会声会影、Premiere等。

当然，随着APP版本的更新和功能的发展，视频拍摄APP同样提供了一些常用的视频剪辑加工功能，在此，就以"抖音短视频平台"APP为例，介绍如何进行短视频的编辑加工。

在"抖音短视频平台"APP中，拍摄完视频之后即可进入短视频的编辑页面，如图3-33所示。

图3-33 短视频编辑页面

❶剪音乐：这一操作可以在拍摄视频时就完成，在此不再赘述。

❷声音：这一编辑操作可以调整"原声"和"配乐"的音量大小，如图3-34所示。不知大家注意到没有，图中"原声"一项颜色相对比较暗淡，显示为不能操作的灰色，其原因在于拍摄的视频内容是没有声音的。

图3-34 "声音"编辑页面

❸选音乐：如果运营者觉得当前选择的音乐不满意，就可以点击"选音乐"按钮进入"更换配乐"页面进行选择。操作方法与前文中介绍的选择背景音乐操作类似。

❹特效：在特效编辑页面，包括"滤镜特效"和"时间特效"两项，如图 3-35 所示。运营者首先应拖动视频下方的按钮选择要添加特效的视频画面，然后再为选择的画面设置特效。设置完成后，点击右上角的"保存"按钮即可。

❺选封面：这一编辑操作可以为短视频设置好看的封面图片。点击"选封面"按钮进入相应页面，如图 3-36 所示，选择一张封面，然后点击"完成"按钮即可。

图 3-35　"特效"编辑页面　　　　图 3-36　"选封面"编辑页面

❻滤镜：此处的"滤镜"编辑与上文视频拍摄页面的"美化"中的"滤镜"是一样的，都包含"人像""风景"和"新锐"三项，这里不再赘述。

上述操作都编辑完成后，点击"下一步"按钮，即可进入"发布"页面进行视频的上传操作。这将在第 3.5 节中进行详细介绍。

专家提醒

在"抖音短视频平台"APP 上拍摄的视频，是不能进行剪辑操作的。如果是上传的视频，就能进行剪辑。

3.4　拍摄提升：5 大技巧拍出优质短视频

在如今的短视频 APP 中，抖音可谓是热门中的热门，受到了众多年轻人的喜爱。与此同时，众多自媒体人也看到了这一运营商机，纷纷进驻抖音，开始了获取流量和快速变现的短视频运营之旅。

要想让获取流量和快速变现的效果更显著，那么就需要注意短视频的质量。在此，笔者从各个角度出发，介绍 5 个实用的拍摄技巧，帮助读者拍摄出更优质的抖音短视频。

3.4.1 合适的快慢速度：调整音乐和视频的匹配度

在平常观看视频中，大家可能已经注意到了，有些视频画面的运动相对正常情况来说明显过快，而有些画面又显得慢慢悠悠的。其实这些都是因为对视频设置了与视频情境和主题相符的快慢速度的结果。

诚然，在视频拍摄和制作过程中，选择一个与音乐合拍的视频速度，让音乐的节点恰好对应视频内容中的某一关键点，那么视频的效果明显会更和谐，带给受众的感觉也就会更舒服。

那么，在视频拍摄过程中，应该如何设置呢？视频的具体效果又如何呢？关于调整合适的视频快慢速度的分析如图 3-37 所示。

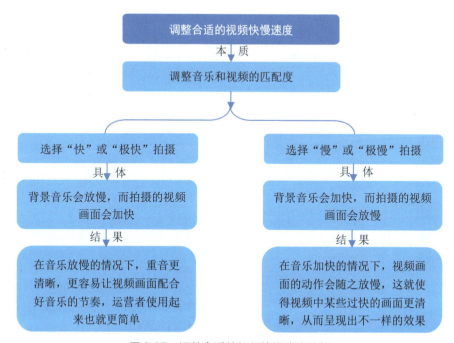

图 3-37　调整合适的视频快慢速度分析

3.4.2 创意短视频拍摄：分段拍摄"秒变装"效果

在前面的 3.3.2 节已经简单介绍了分段拍摄的具体操作，而要想通过分段拍摄打造出更加具有创意的短视频，就需要掌握更多有关分段拍摄的技巧和知识，这样才能让短视频内容更优质。

可能有人会认为，分段拍摄视频，就是随意拍摄几段，然后把它们合成一个短视频就行了。如果按照这样的说法和做法来拍摄，那么拍出来的视频必然会让人感觉生硬。这样的视频若运用在短视频平台的运营中，必然也是失败的。

因此，在拍摄分段视频时，还必须注意分段视频之间的连贯性和内在逻辑，这样才能让视频在和谐的基础上产生创意。

就如大家熟悉的"秒变装"类的视频，就必然要以保持视频中的背景、人物等不变来制造连贯性，也就是保持视频内参照物不变，让受众不感觉突兀，从而打造出和谐的、有创意的秒变装短视频。其实这就是视频领域所谓的"静态转场"。

既然有"静态转场"，那么相对地也应该有"动态转场"，确实如此。只不过相对于静态转场而言，动态转场复杂和多样。具体说来，通过动态转场拍摄分段视频，主要有三种情况，如图 3-38 所示。

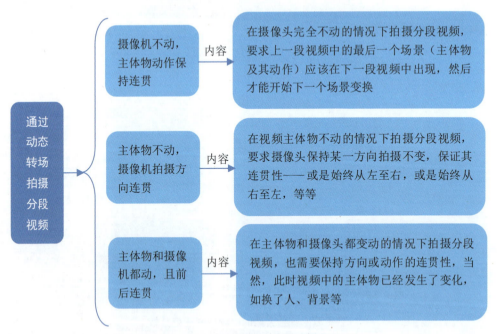

图 3-38　通过动态转场来拍摄分段视频分析

图 3-39 所示就是一个典型的利用动态转场拍摄的分段视频。大家一起来看看效果吧——是不是感觉很酷炫呢？前一段视频的最后一个场景是转身的动作，

后一个视频的第一个场景又恰是转过身来的动作，其摄像头没变，但主体物已经完成了动作连贯的秒变装画面转换。

图 3-39　利用动态转场拍摄的分段视频

3.4.3　利用合拍蹭热门：为宣传引流添一份助力

在"抖音短视频"APP 中，合拍与参与挑战赛一样，都能借助热点来进行宣传引流，为打造爆款短视频内容更添一份助力。那么，应该如何利用合拍来蹭热点呢？合拍又是如何操作的呢？在此笔者将进行详细介绍。

在进行合拍之前，运营者应该选择要合拍的视频。抖音作为今日头条旗下的短视频平台，在运营推广中，其短视频内容发布的初期也是有推荐量的。运营者选择合拍视频，目的就是提升推荐量和播放量。然而并不是所有的合拍视频都能获得好的推荐量。具体说来，运营者选择合拍视频时有两个方面是需要避开的，如图 3-40 所示。

运营者选择合拍视频时要避开的两个方面	要避开那些时间比较久的视频。其原因在于这类视频即使再是爆款，时间久了其本身也是没有太多推荐量的
	要避开特别热门的、已经有众多人抢镜合拍的视频。其原因在于很多人合拍抢镜，那么视频的点赞、评论、转发就会变少，各个合拍视频的推荐量自然也会变少

图 3-40　运营者选择合拍视频时要避开的两个方面

在笔者看来，选择合拍时要从三个角度思考，如图 3-41 所示。

运营者选择合拍视频时要考虑的三个角度：

- 首先要选择合适的领域。运营者应该从自己擅长和喜欢的领域着手，选择能搭配的、风格协调的视频
- 其次是播放量。如果合拍视频本身的播放量很少，那么想要获得高推荐量还是比较难的
- 最后是要及时。在选择比较热门的合拍短视频时要注意其发布时间，当其已经成为热门视频但还没有多少人抢镜合拍时就着手合拍，这样的话，应该会比较成功

图 3-41　运营者选择合拍视频时要考虑的三个角度

接下来介绍如何进行合拍。其操作还是比较简单的——在选择合拍的视频页面，点击"分享"按钮 ，如图 3-42 所示。在弹出的"分享到"窗格中，点击"合拍"按钮，如图 3-43 所示。当视频加载和合成完成后，即可按照前面介绍的拍摄短视频的方法进行拍摄。

图 3-42　点击"分享"按钮

图 3-43　点击"合拍"按钮

3.4.4　防止视频抖动：4 种方法保证对焦清晰

在手机短视频的拍摄过程中，要想保持拍摄稳定，除了使用必要的手机稳定工具以外，还有很多其他的可以保持手机相对稳定的小技巧。下面笔者就来为大家介绍关于使用手机拍摄视频时，保证手机稳定和视频画面稳定的小技巧。

1．防止抖动方法1：借助物体来支撑

在使用手机拍摄视频时，如果没有相应的视频拍摄辅助器，而是仅靠双手作为支撑的话，双手很容易因为长时间端举手机而发软发酸，难以平稳地控制手机，一旦出现这种情况，拍摄的视频肯定会晃动，视频画面也会受到影响。

所以，如果拍摄者在没有手机稳定器的情况下，用双手端举手机拍摄视频，就需要利用身边的物体支撑双手，以保证手机的相对稳定。

这一技巧也是利用了三角形稳定的原理，双手端举手机，再将肘关节放在物体上做支撑，双手与支撑物平面形成三角，无形之中起到了稳定器的作用。

2．防止抖动方法2：保持正确的拍摄姿势

用手机拍摄视频，尤其直接用手拿着手机进行拍摄的话，要想让视频画面稳定，除了手机要稳之外，拍摄视频的姿势也很重要。身体要稳，才能保证手机端正，保证视频拍摄出来是稳定的。

如果视频拍摄时间过长，直接用手拿着手机进行拍摄会导致身体的不适应——身体长时间保持不动，不仅脖子容易发酸发僵，就连手臂也会因发酸而抖动，从而导致视频画面晃动、不清晰。正确的姿势应该是重心稳定，且身体觉得舒服的姿势，比如从正面拍摄视频时，趴在草地上，身体重心低，不易倾斜，且拿手机的手也有很好的支撑，从而能确保视频拍摄时手机的稳定性。

3．防止抖动方法3：寻找稳定的拍摄环境

在视频拍摄中，找到稳定的拍摄环境，也会对手机视频画面的稳定起到很重要的作用。一方面，稳定的环境能确保视频拍摄者自身的人身安全；另一方面，稳定的环境能给手机一个较为平稳的环境，让拍摄出来的手机视频也能呈现出一个相对稳定的画面。

相对来说比较不稳定，容易影响视频拍摄的地方有很多，如拥挤的人群、湖边、悬崖处等，这些地方都会给手机视频拍摄带来很大的影响。

4．防止抖动方法4：手部动作要平缓

手机视频的拍摄，大部分情况下是离不开手的，所以手部动作幅度越小，对视频画面稳定性的保持就越好。所以，手部动作幅度要小、慢、轻、匀。

所谓小，就是指手部的动作幅度要小；慢，就是指移动速度要慢；轻，就是指动作要轻；而匀，也就是指手部移动速度要均匀。只有做到这几点，才能保证手

机拍摄的视频画面相对稳定，视频拍摄的主体也会相对清晰，而不会出现主体模糊看不清楚的状态。

3.4.5 选对拍摄分辨率：让视频画面更清晰

分辨率是指显示器或图像的精细程度，其尺寸单位用"像素"来表示。如分辨率为 640×480，则表示水平方向上有 640 个像素点，垂直方向上有 480 个像素点。简单来说，分辨率的高低，决定着手机拍摄视频画面的清晰程度，分辨率越高，画面就会越清晰；反之，则越模糊。

那么，运营者在进行拍摄时，应该如何设置分辨率呢？下面以华为手机为例，介绍设置分辨率的具体操作。

进入视频录制页面，点击右上角的■按钮，进入相应页面，点击"设置"按钮，进入"设置"页面，点击"分辨率"按钮，进入"分辨率"设置页面，根据要求选择具体的分辨率，即可完成视频录制的分辨率设置，如图 3-44 所示。

图 3-44 手机拍摄视频的分辨率设置

其实，用手机拍摄短视频，其分辨率的选择有多种，主要分为 480P、720P、1080P 以及 4K 等四种。那么，它们各自有哪些特点呢？笔者将其总结如下。

（1）480P 标清分辨率：是如今视频中最为基础的分辨率。480 表示垂直分辨率，简单来说就是垂直方向上有 480 条水平扫描线，P 是 Progressive scan 的缩写，代表逐行扫描。480P 分辨率不管是在视频拍摄中还是观看视频中，都属于比较流畅、清晰度一般的分辨率，而且占据手机内存较小，在播放时，对网络传输性能方面的要求不是很高，即使在网络传输条件不是太好的情况下，480P 的视频基本上也能正常播放。

（2）720P 高清分辨率：720P 的表达方式为 HD720P，其常见分辨率为 1280 像素 ×720 像素，而且使用该分辨率拍摄出来的视频声音，具有立体音的听觉效果。这一点是 480P 无法做到的。不管是视频拍摄者，还是视频观众，如果对音效要求较高，就可以采取 720P 高清分辨率进行视频拍摄。

（3）1080P 全高清分辨率：在众多智能手机中的表示为 FHD1080P，其中，FHD 是 Full High Definition 的缩写，意为全高清。它比 720P 所能显示的画面清晰程度更胜一筹，自然对于手机内存和网络传输性能的要求也就更高。它延续了 720P 所具有的立体音功能，且画面效果更佳，其分辨率能达到 1920 像素 ×1080 像素，在展现视频细节中，1080P 有着相当大的优势。

（4）4K 超高清分辨率：在华为手机里的表示为 UHD4K，UHD 是 Ultra High Definition 的缩写，是 FHD1080P 的升级版，分辨率达到了 3840 像素 ×2160 像素，是 1080P 的数倍之多。采用 4K 超高清拍摄出来的手机视频，不管是在画面清晰度或者是在声音的展现上，都有着十分强大的表现力。

3.5 视频发布：5 个方面优化推广的效果

完成了短视频的拍摄和编辑之后，接下来就是要发布短视频了。图 3-45 所示为"抖音短视频"APP 的"发布"页面。

图 3-45 "抖音短视频"APP 的"发布"页面

对于专门进行宣传推广工作的运营者来说，通过短视频 APP 进行视频的发布也是需要一定的技巧的。这样才能让短视频的宣传推广效果得以优化，从而获得更多的播放量和点赞量。本节就以"抖音短视频"APP 的发布为例，介绍如何设置才能让短视频效果优化。

3.5.1 设置视频标题：完整表达作者思想

短视频作为一种内容宣传方式，其标题的设置十分重要。特别是对短视频这类除了标题外没有太多文字说明的内容来说，更是如此。它是运营者自身思想传达的关键。可能有人会说，若视频内容中有足够的声音和动作达到表情达意的作用，标题的设置也就不那么重要了。真的是这样吗？

其实，短视频毕竟很短——抖音上的短视频就只有短短的 15 秒，要想完整而丰富地表达出短视频作者的思想内容，极有可能存在欠缺之处。在这样的情况下，利用点睛之笔设置一个优质的标题，能在很大程度上促进短视频内容的传播。

图 3-46 所示为"抖音短视频"APP 上的短视频标题案例。

图 3-46 "抖音短视频"APP 上的短视频标题案例

图 3-46 中的两个短视频，都是只有配乐没有原声的，此时设置标题已经成为必需的操作。图中的两个标题，一是对生活中的一些充满正能量的现象和人发出感慨，二是对视频中的动作和目的进行描述，它们都清楚地体现了其所有表达的主题。

这样的内容也是受众喜欢的或是需要的，因而获得了不少关注——这两个视频的点赞量达到了十几万或几万——可见，视频的内容和标题设置还是很成功的。

3.5.2 插入相关话题："合适"二字很重要

在图 3-45 所示的"抖音短视频"APP 的"发布"页面上，标题编辑框下方有两个选项，即"#话题"和"@好友"，这些都是能提升短视频标题效果的两个重要技巧，经常被运营者运用到标题设置中。

本小节就以"#话题"为例，介绍在标题中选择合适的话题插入的方法和案例。

运营者如果想要在标题中插入话题，可以点击"#话题"按钮，此时标题编辑框中会出现"#"符号，然后输入关键词，页面上就会出现与关键词相关的话题，运营者选择一个合适的话题，如图3-47所示，即可完成插入话题的操作。

图3-47　在标题中选择合适的话题插入操作

一般来说，在标题中插入与视频内容相关的话题，如主题、领域、关键词等，都能提升短视频的推广效果。图3-48所示为在标题中插入了话题的视频案例。

图3-48　在标题中插入话题的视频案例

3.5.3　设置@好友：准确送达短视频内容

上面已经介绍了在标题中插入"#话题"的相关知识，下面笔者将介绍另外一种提升短视频标题效果的方法——"@ 好友"。

运营者在进行设置时，首先应点击"@ 好友"，进入"召唤好友"页面，此时该页面会显示已经关注了的抖音用户，如图 3-49 所示，运营者可从中选择一个"@ 好友"对象。运营者还可以在"召唤好友"页面上方的搜索框中输入关键词，点击"搜索"按钮，就可显示更多的与关键词相关的抖音用户，如图 3-50 所示。

图 3-49　"召唤好友"页面　　图 3-50　通过关键词搜索"@ 好友"对象

在"抖音短视频"APP 中，在标题中设置"@ 好友"是一个比较常用的促进短视频推广和提高关注度的方法。图 3-51 所示为在标题中设置了"@ 好友"的视频案例。

图 3-51　在标题中设置了"@ 好友"的视频案例

专家提醒

运营者选择"@好友"对象时,有两点需要注意:一是相关性,也就是说,"@好友"对象要与短视频有一定关联;二是"@好友"热度,应该选择粉丝比较多的抖音用户,然后利用优质内容吸引对方关注,从而才有可能吸引"@好友"粉丝的关注。

3.5.4 设置地址:提升知名度和唤起归属感

在"抖音短视频"APP中浏览视频,有时会发现在视频左下角的抖音用户名称上方显示有地址信息,如图3-52所示。

图3-52 短视频页面显示地址信息

关于短视频的地址信息,运营者可以在图3-45所示的"发布"页面中进行设置:运营者只要点击"添加位置"下方的任意一个位置或点击右侧的▶按钮进入相应页面进行选择即可。

为短视频内容添加位置,对于一些以地名为名称进行宣传或有着地域特色的抖音短视频(特别是一些旅游行业的短视频),是一种非常有效的提升知名度和唤起用户归属感的好方法。

3.5.5 谁可以看:确定短视频的分享范围

在"抖音短视频"APP的"发布"页面,运营者可以选择短视频内容的分享范围,也就是在"谁可以看"区域点击 进入相应页面,在"公开""好友可见"和"私密"中选择一项作为短视频内容的分享对象,如图3-53所示。

图3-53 "谁可以看"页面

一般来说,运营者会选择"公开"选项,让尽可能多的人看到,以便扩大视频的传播和宣传范围,而不是利用"好友可见"和"私密"来限制传播。

第 4 章

推广引流：3个方面打造百万粉丝短视频

学前提示

学会怎么拍摄和制作短视频后，接下来运营者要学习的是如何利用短视频进行推广引流，并让这一效果尽量得到提升。本章内容主要集中在3个方面，即用户需求、实用技巧和好内容，从推广引流的角度来介绍短视频运营。

要点展示

▶ 高起点：基于5大用户需求提升关注度
▶ 妙技巧：8种途径提升短视频推广效果
▶ 好内容：7大方面赢得用户更多点赞

4.1 高起点：基于 5 大用户需求提升关注度

短视频虽然很火，但是对大多数运营者来说，对于如何提升账号的关注度，可能还有不少疑问。对于这一问题，不同的人有不同的看法和见解。其实，在笔者看来，解决问题的核心还是在于"用户为什么关注你"这一用户动机。因此，本节将从 5 个方面介绍提升用户关注度的方法。

4.1.1 营造愉悦氛围，满足对快乐的需求

喜怒哀乐，是人们经常会有的情绪。而"乐"可以带给自身和周围的人以愉悦的感受。在抖音平台上，就有很多短视频营造出"乐"的情绪氛围，如图 4-1 所示。

图 4-1　营造快乐情绪的抖音短视频案例

在短视频运营过程中，如果一个账号能持续带给用户快乐的感受，那么让他们持续关注就是一件轻而易举的事了。那么，如何才能持续满足用户对快乐的需求呢？在笔者看来，主要有两点，如图 4-2 所示。

持续满足用户快乐需求的方法：
- 要注意短视频题材的选择，一般要求搞笑、轻松、适意，带有喜庆氛围更好
- 要注意保持表演风格、角色塑造等的一致性，让用户朝固定方向联想，形成期待感

图 4-2　持续满足用户快乐需求的方法

在图 4-2 所示的两个方面中，保持角色塑造的一致性是非常重要的。只有在短视频运营过程中不断塑造一致性的角色，随着时间的推移和内容的积累，用户才会自然而然地对接下来的短视频内容中的角色有固定联想，并期待后续剧情的发生。

而且在保持这种一致性的情况下，即使某一天出现了不一样的角色塑造，用户也会在一定程度上沿着原有的角色塑造进行联想。

就比如一个看着非常喜庆的喜剧演员，如果在一个视频中突然表现出严肃、刻板的形象，那么经常观看的用户是会感到严肃、刻板呢？还是会在这种反常的基础上让用户联想到演员的原有形象而感觉更加搞笑呢？在笔者看来，后一种情况居多。

4.1.2 提供最好谈资，满足好奇心需求

对未知的世界，人们总是会有不断探索的心理追求——在孩童时期，会对一些好玩的、未见过的东西有着巨大的好奇心；稍微长大一些后，学生会对知识无比渴求；进入社会，人们会对事业的追求存在好奇心。

在这种普遍的动机需求下，推送一些能引发和满足用户好奇心的短视频内容也是一种有效的运营方法。一般来说，能满足用户好奇心的短视频内容一般有三种，即稀奇的、新鲜的和长知识的。

图 4-3 为通过稀奇的内容满足用户好奇心的抖音短视频案例。用户看到这样的短视频，出于探奇的心理，一般都会想着去看一看。

图 4-3　通过稀奇的内容满足用户好奇心的抖音短视频案例

图 4-4 和图 4-5 分别为通过新鲜的和长知识的内容满足用户好奇心的抖音短视频案例。

图 4-4　通过新鲜的内容满足用户好奇心　　图 4-5　通过长知识的内容满足用户好奇心

上面三个短视频案例,或是利用认知上的反差引发好奇,或是利用新鲜内容为人们提供谈资,抑或是利用长知识的内容提升优越感,这些都是能满足用户好奇心而引发关注的好方法。

4.1.3　设置目标对象,满足学习模仿需求

在日常生活中,人们见到好的技巧和行为,总是会不知不觉地模仿。例如,喜欢书法的人,偶然在某处看到书法好的碑帖、字帖等,细细观摩;喜欢折纸艺术的人,在看到相关内容时,会按照提示一步步去操作,期待能做出满意的效果。而视频内容的出现,为用户提供了更真实、生动的学习模拟平台。图 4-6 为能满足用户学习模仿需求的抖音短视频案例。

图 4-6　能满足用户学习模仿需求的抖音短视频案例

图 4-6 中介绍的只是对一些生活中的某项技能、特长的模仿，其实，人们能学习模仿的还不仅限于此，如短视频中的某一行为，同样能成为学习模仿的对象或努力为实现某一目标而奋斗的对象，如图 4-7 所示。

图 4-7　学习模仿规范自身行为的抖音短视频案例

让人产生学习模仿需求的短视频内容，在吸引用户关注方面有着显著效果——无论是有亮点的技能、特长，还是值得学习的某项行为，都是具有巨大吸引力的。

4.1.4　工具化内容，满足解决问题的需求

除了满足用户的快乐、好奇心和学习模仿需求外，短视频内容中如果能满足其他两项更进一步的需求——解决问题、自我实现的需求，也能吸引用户关注。本小节就从满足解决问题的需求出发来进行介绍。

专家提醒

如果说满足用户的快乐、好奇心需求还只是停留在心理层面的话，那么满足学习模仿需求已经上升到了行为层面。只是相对于满足解决问题的需求而言，满足学习模仿需求从某一方面来说并不是生活中必需的，而后者恰好相反，完全是生活能力和水平提升所必需的。

无论做什么事，人们总是在遇到问题和解决问题中度过的。因此，运营者如

果能为用户提供解决某一问题的方法和技巧，满足人们解决问题的需求，并能帮助人们更好地完成任务，那么，获得更多的用户关注也就不足为奇了。

图4-8为能满足用户解决问题需求的抖音短视频案例。

图4-8　能满足用户解决问题需求的抖音短视频案例

这类短视频的内容有一个明显区别于其他短视频内容的特点，它吸引用户关注的时长可能并不是某一个时间点，而是会持续一段时间。例如，在用户看到某一短视频时，可能只是觉得它有用而关注，当过去一段时间后，用户在生活中遇到了需要短视频内容中提及的方法来解决的问题时，用户是会二次关注或多次关注的。

可见，能满足用户解决问题的短视频内容，明显是工具化的、有着更长生命周期的内容。它能让用户"因为其他的事情而想起它"，这种结果的发生是必然的，而不是像满足快乐、好奇心等需求的短视频内容那样——纯粹是"因为它而想起它"，其结果具有极大的偶然性，且大多不可重现。

4.1.5　提供人生指引，满足自我实现需求

从心理层面到行为层面，再到更高层次的精神层面，无疑是一个有着跨越性发展的过程。运营者在进行短视频运营的过程中，也可以遵照这一顺序来推出短视频内容，从不同层次、不同角度引导用户关注。

前面已经对两种心理层面的需求满足和两种行为层面的需求满足进行了介绍，接下来笔者将为大家分享在精神层面上通过自我实现来满足用户需求的短视

频内容。

说到"在精神层面上通过自我实现来满足用户需求",大家可能还会有点困惑,然而说起"心灵鸡汤"就会恍然大悟了。相对于其他短视频内容来说,"心灵鸡汤"类的可能比较少,然而也不是不存在的。图4-9所示为"心灵鸡汤"类的抖音短视频案例。

图4-9 "心灵鸡汤"类的抖音短视频案例

"心灵鸡汤"类的短视频之所以能引起用户的关注,最基本的原因还是在于其中所包含的正能量和积极的思想。生活中总会遇到挫折,而在遇到挫折时是不能缺少积极思想的引导的。运营者基于这一情况推出短视频内容,可以为那些有着人生焦虑和挫败感的用户提供指引,让他们拥有更加积极的人生态度。

同时,"心灵鸡汤"类的短视频内容很多都是来自于名人名言并蕴含着丰富哲理,因而可以利用其权威效应,提升用户的控制感,降低被控制的思想禁锢,让人生重新焕发生机和活力。

4.2 妙技巧:8种途径提升短视频推广效果

随着短视频的发展,越来越多的商家和品牌选择短视频作为其宣传推广的重要渠道,同时加大在相关短视频平台上的投放力度,特别是抖音短视频,更是成为品牌推广引流的新战场。那么,如何才能提升在短视频平台上的推广效果呢?本节将为大家具体介绍。

4.2.1 技巧1：明星效应，自带流量

明星在短视频运营中的作用是不容忽视的，粉丝和媒体的力量十分强大，能够让短视频内容变得更加引人注目。从短视频诞生之日起，明星就已经参与其中了。在后来短视频的发展过程中，也有不少明星推出了短视频内容。

比如阿迪达斯旗下的 adidas neo 为了宣传和推广品牌，加入了抖音，并推出其明星代言人的相关视频，迅速吸引 100 多万粉丝，赢得了众多用户点赞和互动。图 4-10 所示为 adidas neo 抖音号推出的视频截图。

图 4-10　adidas neo 抖音号推出的视频截图

4.2.2 技巧2：热点话题，引发热议

短视频如果想吸引庞大的流量，就应该有效地借助热点来打造话题，紧跟潮流，这样做的好处有两点，具体分析如图 4-11 所示。

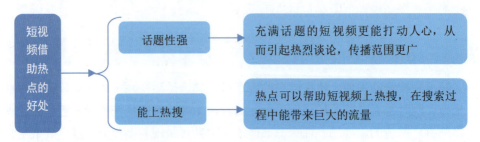

图 4-11　短视频借助热点的好处

而且，热点还包括不同的类型，涵盖了社会生活的方方面面，比如社会上发

生的具有影响力的事件，或者是富有意义的节日、比赛等，还有一些娱乐新闻或者电影电视剧的发布也是热点的一部分。

吉列为打响品牌、推广产品而制作的短视频就是借助热点的典型案例。它紧扣"父亲节"这一热点，推出了"这个父亲节，去请教父亲吧！"短视频广告。图 4-12 所示为吉列"这个父亲节，去请教父亲吧！"短视频的画面截图。

图 4-12 吉列"这个父亲节，去请教父亲吧！"的画面截图

4.2.3 技巧 3：品牌人设，提升黏性

所谓"人设"，就是人物设定的简称，用来描述一个人物的基本状况，一般分为角色设计和人物造型等。而从具体的内容来说，人设主要包括人物的性格、外貌特征和生活背景等。

一般来说，人设是一篇故事得以继续下去和合理展现的重要因素，如果人设不合理，那么所展现出来的内容必然也是违反常规和逻辑的。另外，人设如果设置得好，那么，在吸引读者注意方面会起到画龙点睛的作用。

因此，在进行短视频运营时，有必要通过建立品牌人设来进行推广引流。其原因就在于如果能打造别具特色的、专属的品牌人设，形成固定风格，那么引导用户群体关注和提升忠诚度方面是非常有效的。

图 4-13 所示为东鹏特饮塑造品牌人设的抖音短视频案例。

图 4-13 中展示的两个案例中，都有"阿鹏"这一角色，他就是这一品牌塑造的清晰且年轻化的人设。在"东鹏特饮"抖音号的所有短视频内容中，"阿鹏"这一品牌人设就是一个狂热的球迷，并通过其在短视频中的各种表现以及与非球迷妻子之间的小故事，一方面确保了其与品牌调性的高度一致性——"年轻就要醒着拼"，另一方面，也通过阿鹏和相关人物的精彩演出，拉近了与东鹏特饮品牌的目标用户之间的距离，最终达到了扩大传播范围和提升用户黏性的目的。

图 4-13 东鹏特饮塑造品牌人设的抖音短视频案例

那么，在品牌推广引流中，应该如何通过人设来提升效果呢？具体说来，其运营逻辑包括 3 大流程，如图 4-14 所示。

> 了解品牌用户需求和进行账号定位，从而确定品牌的账号人设和运营主线

> 基于人设和运营主线打造优质短视频内容，并达到聚焦用户和提升用户忠诚度的目的

> 基于短视频运营过程中积累的优质内容及其影响，持续吸引目标用户，让短视频平台成为品牌运营的流量聚集地

图 4-14 通过品牌人设提升推广引流效果的流程

4.2.4 技巧 4：挑战赛，快速聚集流量

在第 3 章已经介绍了"抖音短视频"平台的拍摄功能和入口，获知了这是一种快速聚集流量的拍摄功能。在本节笔者着重要介绍的是其在品牌推广方面的巨大作用。

在笔者看来，抖音挑战赛的发起和参与，作为一种独特的短视频营销模式，是极易提升品牌认知度和获得消费者好感的方式。图 4-15 所示为抖音挑战赛的运营推广分析。

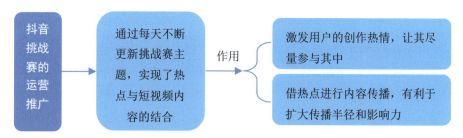

图 4-15 抖音挑战赛的运营推广分析

在"抖音短视频"APP 上,有参与人数多、点赞量多的挑战赛,运营者可以选择主题、风格合适的挑战赛参与其中。

图 4-16 所示为故宫食品品牌发起的"#众卿抖起来"挑战赛案例。"#众卿抖起来"挑战赛迎合了年轻人的喜好,与这一挑战赛相关的视频有 1.2 亿次播放。对故宫食品这一新零售时尚品牌而言,不仅起到了传播品牌故事和宣传品牌价值的作用,还在某一程度上带动其他人玩起来,提升了他们对品牌的认知度和参与度。

图 4-16 故宫食品品牌发起的"#众卿抖起来"挑战赛案例

专家提醒

在"抖音短视频"平台的挑战赛玩法中,运营者要注意一点,即坚持好玩内容和低门槛易模仿的结合。

4.2.5 技巧 5：创意广告，提升观感

在短视频运营中，创意是提升推广效果的关键。特别是在硬广的推广过程中，利用创意方式植入短视频广告，可以在很大程度上改变用户的观感和广告的契合度，如图 4-17 所示。

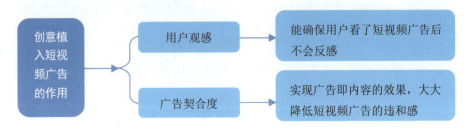

图 4-17　创意植入短视频广告的作用

在广告创意方面，江小白算得上是玩得比较成功的。除了一些比较经典的广告文案外，它在短视频广告推广上也毫不逊色，如"他们非要我喝西瓜汁的时候酷一点"的短视频广告就是如此，如图 4-18 所示。

图 4-18　江小白"他们非要我喝西瓜汁的时候酷一点"的短视频广告

在这一广告中，关于江小白这一品牌的广告植入还是非常有创意的——紧扣"酷"这一字眼，把喝西瓜汁玩出了新花样：以西瓜本身作为容器并安上水龙头，在让西瓜果肉变为果汁并加入冰块的情况下，还添加了江小白，从而实现了江小白这一品牌和产品的创意植入。

4.2.6 技巧 6：KOL 合作，提升知名度

KOL，英文全称为 Key Opinion Leader，即关键意见领袖，这类人一般具有 3 个基本特点，如图 4-19 所示。

图 4-19　KOL 的基本特点

正是因为图 4-19 所示的三个特点，使得有 KOL 参与的企业视频广告在推广方面效果显著。对运营者来说，在短视频广告中找 KOL 进行合作，存在三大明显优势，如图 4-20 所示。

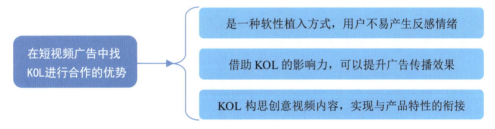

图 4-20　在短视频广告中找 KOL 进行合作的优势

可见，找 KOL 合作是一种有效的推广方法，是有利于提升产品品牌知名度和信任度的，并最终成功促进产品的销售。图 4-21 所示为轻奢品牌 MICHAEL KORS 与时尚领域 KOL——@洁哥是女大神呐进行合作的案例。

图 4-21　轻奢品牌 MICHAEL KORS 与时尚领域 KOL——@洁哥是女大神呐进行合作的案例

除此之外，MICHAEL KORS 还与其他一些有着极大表现力的抖音达人、时尚博主进行了合作，如@吴佳煜、@凌昕雨和@HiyaSonya等。就是凭借这样的"短视频+KOL"内容营销的方式，增加了 MICHAEL KORS 的曝光度，同时也使其在我国时尚年轻社群中的品牌影响力得到了提升。

4.2.7　技巧 7：互动贴纸，提升好感度

利用短视频进行品牌推广，有两个层次的目标：一是能减少用户对广告的反感情绪，前面介绍的植入创意广告和找 KOL 合作就能达到这一目标；二是能实现双方互动，并促进短视频内容的二次传播，在更大范围内提升品牌好感度。

关于这两个层次目标的实现，"抖音短视频"平台的互动贴纸应用就是一个很好的方法。运营者可以在平台上发起挑战赛并定制创意贴纸，而用户可以在拍摄视频时选择贴纸下载，如果品牌和商家定制的创意贴纸吸引人，那么用户使用的频率就比较高，从而促进品牌的传播。

就如大家熟悉的餐饮品牌必胜客，就曾在"抖音短视频"平台上策划了一个名为 #DOU 出黑，才够 WOW# 的主题活动用来宣传其新品——必胜客 WOW 烤肉黑比萨，并通过平台定制了多种含有必胜客元素的 BGM、360°全景贴纸和系列面部贴纸，如图 4-22 所示。

图 4-22　必胜客 WOW 烤肉黑比萨宣传的定制创意贴纸的短视频案例

4.2.8　技巧 8：反转剧情，带来惊奇感

在短视频的运营推广中要注意，剧情表达方式不同，其运营效果也会相应产生差异。特别是当一个短视频的剧情是平铺直叙地展开，另一个短视频的剧情

却突然出现了反转，对受众来说，后一种剧情更能带给人惊奇感，也更能吸引人注意。

因此，运营者在安排短视频剧情时可以从反转的角度出发进行设计，打破常规惯性思维，提供给受众一个完全想不到的结局，能让受众由衷感叹剧情的曲折性和意外性。

图 4-23 所示为唯品会的短视频剧情反转广告。在该短视频中，利用背景音乐"确认过眼神，我遇见对的人"营造氛围，在男主角认为女主角被自己吸引的时候，剧情突然反转——原来吸引女主角的是唯品会广告。

图 4-23　唯品会的短视频剧情反转广告

不仅短视频广告可以安排反转的剧情，在平常的短视频运营中也可以运用这种方法来打造优质视频。特别是一些搞笑视频，就是通过剧情反转来营造幽默氛围的，如图 4-24 所示。

图 4-24　搞笑短视频的剧情反转案例

4.3 好内容：7大方面赢得用户更多点赞

短视频内容作为一种直观、真实的内容形式，在感染力方面明显比文字更胜一筹。而要想让短视频发挥出更大的推广效果，就需要在短视频内容上下功夫，打造出受大众欢迎、让用户点赞的爆款内容。本节就从7个方面着手，介绍打造爆款短视频引流内容的实用技巧。

4.3.1 高颜值，满足爱美之心

关于"颜值"的话题，从古至今，有众多与之相关的词语，如沉鱼落雁、闭月羞花、倾国倾城等，除了可以形容其漂亮外，还体现了漂亮所引发的效果。可见，颜值高，是有一定影响力的，有时甚至会起决定性作用。

这一现象同样适用于爆款短视频打造。当然，这里所说的颜值并不仅仅是指人，还包括好看的事物、美景等。

从人的方面来说，除了先天条件之外，要想提升颜值，有必要在形象和妆容上下功夫：让自己看起来显得精神、有神采，而不是一副颓废的样子。而画一个精致的妆容后再进行拍摄，是提升颜值的便捷方法。

从事物、美景等方面来说，是完全可以通过其本身的美再加上高超的摄影技术来实现的，如精妙的画面布局、构图和特效等，就可以打造一个高推荐量、播放量的短视频。图4-25所示为有着高颜值的美食、美景短视频内容。

图4-25 高颜值的美食、美景短视频内容展示

4.3.2 正能量，点燃信念之火

人们总是会被各种事物所感动，特别是那些能激励人们奋发向上的正能量，更是激起受众感动情绪的重要原因之一。

例如，勇于救人、善于助人的英雄事迹，对于有着"大侠梦"、心存仁义和匡扶正义的受众来说，就是一个激发人感动情绪的事件；历尽辛苦的成功创业之路，对于处于低潮期和彷徨期的年轻人来说，更是激发人奋起的指明灯，如此种种，都可作为爆款短视频内容，点燃受众心中的信念之火，从而坚定、从容地走好后面的人生路。

图 4-26 所示为两个关于国家发展和成就的抖音短视频案例。看到这样的视频，是不是会感到特别骄傲和自豪呢？

图 4-26　关于国家发展和成就的抖音短视频案例

图 4-27 所示为两个关于某一演员的抖音短视频案例。该演员通过自身的言行打造了一个充满善与美的童话，同时配上振奋人心的音乐，触动人的感动之弦，不由得让人内心澎湃。图中的视频在爆款内容的基础上，又加上著名演员本人的热度和知名度，获得了高达几十万的点赞。

对受众来说，短视频平台更多的是用以打发无聊、闲暇的时光，而运营者可以多发布一些能激励人心、感动你我的短视频内容，从而让无聊变"有聊"，让闲暇时光也充实起来。这也是符合短视频平台内容正确的发展之路的。

图 4-27 关于某一演员的抖音短视频案例

4.3.3 萌属性,吸引用户注意力

在互联网和移动互联网中,"萌"作为一个特定形象,奠定了其在用户中重要的审美地位,同时也得到了很多用户的喜欢,无论男女老少,都有它的忠实粉丝。更不要说在短视频这一碎片化的视频内容中,瞬间的"萌态"和具有"萌态"的事物是能一秒吸睛的,"唯萌不破"说的就是如此了。

特别是在抖音平台上,以"萌"制胜的视频类型和内容有很多。总的说来,包括三种,如图 4-28 所示。

以"萌"制胜的视频内容：
- 可爱的萌娃萌妹,是众多妈妈发布视频时所要展示的骄傲,他们随便的一个语音、一个动作、一个笑颜,都能柔软众多用户的心
- 毛茸茸的猫狗等小动物,也是众多用户喜爱的,它们能在很大程度上保证获得高流量,特别是选取的卖萌场景和角度足够好的情况下
- 各种各样的展现萌态的玩偶,也是众多年轻女性和小孩喜欢的,然后再配以生动、形象的内容说明和故事,更能吸引人关注和购买

图 4-28 常见的以"萌"制胜的视频内容类型

图 4-29 所示为"抖音短视频"APP 上的以"萌"制胜的三个短视频案例。在短视频中，不管是萌娃，还是小动物，抑或是玩偶，都尽情展现出了他（它）们的可爱和萌态。

图 4-29 "抖音短视频"APP 上的以"萌"制胜的短视频案例

其实，除了"抖音短视频"APP 以外，其他短视频平台也有众多运营者选择以"萌"制胜。另外，在平台方面，还出现了一些专门以萌为特色的应用，如 Faceu 激萌、萌拍 MoeCam 和萌颜（相机）等，如图 4-30 所示。

图 4-30 专门以萌为特色的应用举例

专家提醒

深受大家喜欢的萌宠，是抖音短视频平台上不可缺少的角色。如果运营者要在这个方向上发展，可以参考现有的萌宠播主来进行运营。关于"抖音短视频"APP上的萌宠播主，其短视频内容一般具有四个特点，如图4-31所示。

"抖音短视频"APP上的萌宠播主内容特点：

- 利用萌宠本身的萌属性将其拟人化，如各种有趣的对白，这样可以加大短视频创作空间
- 让萌宠拥有一技之长，并拍摄各种展现其特长的短视频，从而打造具有特色的萌宠IP
- 在拍摄时可以利用各种方法来增加萌宠短视频的戏剧性，如前后反差对比，这样能让受众有所期待
- 利用萌宠属性和萌宠主人的结合来拍摄短视频，可以获得更多人气，当然萌宠主人最好有高颜值或迷人的声音

图4-31 "抖音短视频"APP上的萌宠播主内容特点

4.3.4 暖元素，让观众产生爱

在日常生活中，人们总是会被能让人产生归属感、安全感以及爱与信任的事物所感动。例如，一道能让人想起爸妈的家常菜，一份萦绕在两人之间的温馨的爱，一个习以为常却体现细心与贴心的举动等。这些都是能让人心生温暖的正面情绪，当然，它们也是最能触动人心中柔软之处的感情，且是一份能持久影响人内心的感情。

而短视频作为一种常见的、日益发展起来的内容形式，反映了人们的生活和精神状态。上面描述的一些感人的事件和场景都是短视频中比较常见的内容，也是打造爆款内容不可缺少的元素。图4-32所示为能让人心生温暖和产生爱的短视频案例。

图4-32中的两个视频，都是阐述"爱"这一主题的。前者表现的是兄弟之间的友爱：一个生活在农村的男孩，不仅帮助家人干活，承担起家庭的一部分负担，还知道友爱弟弟——尽管身后的负担已重，但身前的兄弟更要护。后者表现

的是夫妻之间相伴到老、护到老的爱情——老人还把爱人当小孩宠着。

图 4-32　能让人心生温暖和产生爱的短视频案例

4.3.5　技艺牛，让用户衷心佩服

对运营者来说，如果拍摄的短视频内容是专注于某一类事物，且视频中展现的内容体现了主人公和其他人（物）非凡的技艺，那么，这类短视频也是非常吸引人的，如图 4-33 所示。

图 4-33　体现主人公非凡技艺的短视频案例

图 4-33 中的两个短视频案例，都是展现主人公超凡的刀法——前者是用胡萝卜雕刻得栩栩如生的凤凰，后者是将萝卜切成长长的、薄薄的条状物。二者都是操作者在工作和生活中经过长期训练才能做到的，体现了内容的专业性和技艺的精深。当然，这类爆款短视频并不是所有人都能打造出来的，只适合在某一领域有优势和特长的运营者。

4.3.6　各种恶搞与搞笑，创造新意

在抖音短视频平台上，人们在无聊和闲暇时间喜欢观看的短视频除了上述几类外，还有一种就是搞笑、恶搞类的短视频。且这类短视频内容在各平台上还是比较受用户欢迎的，如图 4-34 所示。

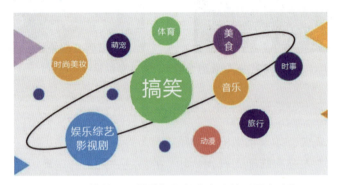

图 4-34　搞笑、恶搞类短视频内容比较受用户欢迎

专家提醒

搞笑、恶搞类短视频内容受欢迎的程度，除了表现在用户喜欢观看外，还表现在两个方面，一是不同性别、不同年龄的用户也喜欢制作该类短视频，二是不同性别、不同年龄的用户也乐于分享该类短视频。

所以用户在打造爆款短视频时，可以从搞笑、恶搞的角度着手，运用各种创意技巧和方法对一些比较经典的内容和场景进行视频"编辑"和"加工"，也可以对生活中一些常见的场景和片段进行恶搞似的拍摄和编辑，从而打造出完全不同的、能使人娱乐和发笑的短视频内容。

像这样的短视频内容，在各大平台上都比较常见，也有众多专门制作搞笑、恶搞类视频的运营账号，如抖音短视频平台上的"搞笑日常""搞笑视频""搞

笑工场"和"搞笑 King"等。

图 4-35 所示的"搞笑视频"就是一个专门做搞笑段子的抖音号。该抖音号的短视频内容都是以搞笑的文字片段为主，还包含视频不可少的"动画＋配音"。

图 4-35　专门做搞笑段子的"搞笑视频"抖音号

4.3.7　干货内容，放心地落地执行

区别于上面介绍的 6 种纯粹为了欣赏的爆款内容，此处要介绍的包含干货内容的爆款短视频是一种可以为用户提供有用、有价值的知识和技巧的短视频。

随着短视频行业的快速发展和行业的调整，在笔者看来，其他类型的短视频在受用户欢迎的程度上可能会发生大的变化，但是对用户来说具有必要性的干货类短视频内容是不会随之湮灭的，还有可能越来越受重视，且日益积累的结构化的内容输出，极有可能把账号打造成大的短视频 IP。

相对于纯粹用于欣赏的短视频而言，干货类短视频有着更宽广的传播渠道。一般来说，凡是欣赏类的短视频可以推广和传播的途径，干货类短视频也可以推广和传播，但是有些干货类短视频可以推广和传播的途径，却不适合欣赏类短视频推广和传播。例如，专门用于解决问题的问答平台，一般就只适用于发表和上传有价值的干货类短视频。

一般来说，干货类短视频包括两种，换句话说，也就是干货类短视频的内容具有的特征，即知识性和实用性。

所谓"知识性"，就是短视频内容主要是介绍一些有价值的知识。例如，关于汽车、茶叶等某一行业方面的专业知识，这对于想要详细了解某一行业的用户来说是非常有用的。图 4-36 所示为专门介绍和讲解汽车知识的短视频案例。

图 4-36　专门介绍和讲解汽车知识的短视频案例

专家提醒

另外，一些介绍历史、文学常识的短视频，对人们来说既是有价值的内容，同时又具有一定的欣赏性。

所谓"实用性"，着重在"用"，也就是说用户看了短视频内容后可以把它们用在实际的生活和工作中。一般来说，实用性的短视频是介绍一些技巧类的实用功能的。仍然以上面提及的茶叶为例，如果说介绍茶叶类别是知识性的干货类短视频，那么告诉大家一些炒茶、沏茶和清理茶具的方法和技巧就是实用性的干货类短视频，如图 4-37 所示。

图 4-37　专门介绍和讲解与茶相关的实用性方法和技巧的干货类短视频案例

第 5 章

社交平台：打造强黏性的短视频推广圈

学前提示

内容、平台和读者构成了短视频传播过程中的三要素，而社交平台作为平台的组成部分之一，一直是推动短视频行业发展和内容推广引流的重要平台。

本章主要从短视频传播的特点、社交平台的选择和社交平台的推广传播技巧三个方面来进行介绍，帮助企业和用户更好地利用社交平台进行短视频运营推广。

要点展示

▶ 5 大特点，洞悉短视频传播与推广
▶ 6 大渠道，构建短视频推广社交圈
▶ 6 大技巧，推动社交平台短视频推广

5.1 5大特点，洞悉短视频传播与推广

随着移动互联网的发展和智能手机应用的普及，短视频凭借其所具有的传播和阅读方式碎片化的优势成为众多移动互联网用户青睐的内容形式。而在这一发展过程中，短视频传播的互动和社交属性尤其明显。特别是在以用户为传播过程中心的时代背景下，用户之间的互动是极为频繁和及时的，这就使得短视频的传播和推广更为方便、快捷。

本节就介绍短视频在社交平台、短视频APP和其他平台上的传播特点，以便为在各平台上传播短视频内容做好铺垫。

5.1.1 5分钟短视频，实现快速传播

短视频的时长一般在5分钟以内，这也是当前发展较快的、受众充分利用碎片化时间进行阅读所乐于接受的短视频时长。可见，在各平台上进行传播的短视频一般都是比较短的。

特别是在社交平台上，笔者认为，很少有人愿意在和别人互动和阅读好友信息的时候去观看长于5分钟的视频内容，而更愿意观看时长在一两分钟以内甚至只有短短十几秒或几十秒的视频内容。

就如在微博平台上，很多视频都是来自于秒拍、抖音、梨视频等平台的时长为1~5分钟的短视频内容——内容短而目标清晰，方便用户浏览和了解。图5-1所示为微博平台上的短视频案例。

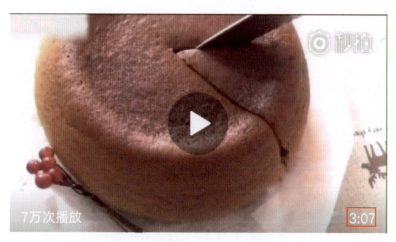

图5-1 微博平台上的短视频案例

图 5-1　微博平台上的短视频案例（续）

短视频除了视频时间长短之外，还具有传播速度快的特点。从某一程度上来说，这是受短视频的时长限制影响的结果，具体分析如下。

- 短视频时长限制使得它能即拍即传，因此，很多刚刚发生的事情和出现的场景能立刻进入传播渠道推广开来。
- 视频时长较短，可以快速观看完，遇到好的内容就可以分享和转发。从观看到分享、转发，间隔的时间非常短，可以称得上即时传播，从而使得传播速度大大提高。

5.1.2　社交化 & 视频化，让平台纷涌

说到短视频传播社交属性的加强，在笔者看来，可以从两个方面来解读，具体分析如下。

1. 短视频在不断社交化

短视频在不断社交化，主要是从短视频平台和短视频作用两方面来说的。从短视频平台方面而言，抖音、快手、秒拍等众多短视频平台都具备关注通讯录好友或微博好友的功能和入口，因此，用户完全可以将其当作一个社交平台与好友互动。

图 5-2 所示为秒拍平台上可以关注微博好友和通讯录好友的入口页面。用户只要点击"关联微博"和"上传通讯录"按钮，然后按照相关提示进行操作即可关注所有好友在秒拍平台上的账号和相关情况。

从短视频作用方面而言，广大用户通过拍摄和发布视频来记录生活中的点滴，而这些记录下来的片段都是社交过程中不可缺少的内容——通过这些内容，好友可以了解其生活动态。

图 5-2　秒拍平台上可以关注微博好友和通讯录好友的入口页面

2．社交网络在视频化

在短视频传播和推广的过程中，微信、微博、QQ 和社交化的短视频 APP 成为其传播的主要途径，反过来，也说明短视频内容已经成为这些平台的主要内容形式。可见，社交网络在视频化的说法已经有了明显依据。

正是因为社交网络的视频化，以及视频不断社交化而出现的逐渐加强的社交属性，都使得同时兼具视频和社交特性的平台不断出现，如上面提及的抖音、快手、秒拍就是其中的佼佼者。另外还有小咖秀、陌陌等平台，也是社交属性非常明显的短视频平台。

5.1.3　传播者＆接收者，用户一肩担当

前面已经说过，短视频的传播是以用户为中心的，是为了满足他们的情感表达和需求，这里所说的用户，包含短视频的传播者和接收者。而在整个短视频传播过程中，很多用户都是作为传播者和接收者而同时存在的。

> **专家提醒**
>
> 　　此处所说的传播者更多的是指原创视频的制作和传播，而不只是简单的传播动作。

图 5-3 所示为传播短视频的用户的情感表达与需求满足。

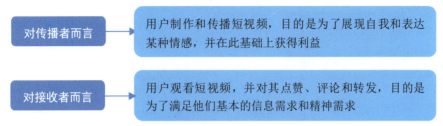

图 5-3　传播短视频的用户的情感表达与需求满足

可见，在短视频的传播过程中，特别是在基于移动终端设备而盛行的短视频传播场景，其传播者和接收者不仅没有明显界限，并且实现了二者兼容的局面——一方面用户通过功能齐全、使用便捷的移动端进入了"传播者"范畴，另一方面用户因为多样的平台和内容能满足其获得信息和精神方面的需求而主动进入"接收者"范畴。

专家提醒

相较于原创文章传播过程中的用户而言，移动短视频传播过程中的用户同为"传播者"和"接收者"的属性更为明显。这主要是因为一个短视频的制作和传播，明显要比原创文章简单得多。

之所以如此说，原因在于生活的一个举动、一个场景甚至是表情，都可成为一个有着丰富意义的短视频画面。且人本身就是善于表演的，在掌握一定拍摄技巧的情况下，制作和传播一个短视频不仅是他们需要的，也是可行的。

5.1.4　新媒体 & 短视频，走上合作之路

在短视频的传播过程中，新媒体平台作为一个具有强互动性和共享性的传播、推广渠道，成为短视频运营的重要阵地之一。特别是短视频作为移动互联网时代的新图文，更需要依托新媒体平台进行传播，以便拓宽用户的话语空间和触达更多的用户。

而且短视频作为一种新型的和备受欢迎的内容形式，与新媒体平台上的其他多元化的内容表现方式相结合，才能更好地实现短视频运营目标，如图 5-4 所示。

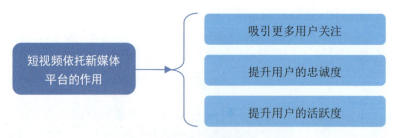

图 5-4 短视频依托新媒体平台的作用

关于短视频与具有强互动性的新媒体平台的合作，在运营过程中并不少见，特别是随着短视频的兴起，一些社交网络、资讯媒体等平台纷纷开放，走上了与短视频平台合作的道路。

而本身既有短视频平台又有新媒体平台的账号主体，其合作趋势更是如火如荼——关于短视频的传播渠道已经相互打通，如今日头条与西瓜视频、抖音短视频平台。运营者既可通过今日头条平台上的相应按钮进入抖音短视频平台和西瓜视频平台，也可通过抖音短视频平台和西瓜视频平台的相应按钮进入今日头条，如图 5-5 所示。

图 5-5 今日头条与西瓜视频、抖音短视频之间的短视频传播渠道

5.1.5 泛娱乐化到垂直化，转型趋势明显

在第 4 章曾经提及，目前搞笑类和娱乐类等泛娱乐化内容仍然是受用户青睐的内容，当然，基于这一短视频内容市场需求，各大短视频平台也是以泛娱乐化内容居多。

然而，从各平台的发展趋势来看，对用户有用、有价值的垂直领域的短视频内容也快速发展起来，且呈现出追赶泛娱乐化内容的态势。这也是符合短视频内容的发展规律的。

在笔者看来，随着泛娱乐化内容的市场饱和与同质化情况的加剧，垂直类内容会有更大的发展空间，未来短视频内容将从泛娱乐化向专业化内容转型，且会沿着垂直领域细分的道路，慢慢兴盛起来，如图5-6所示。

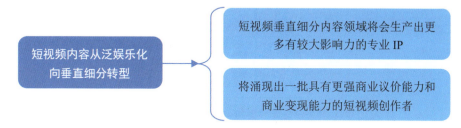

图 5-6　短视频内容从泛娱乐化向垂直细分转型的表现分析

5.2　6大渠道，构建短视频推广社交圈

在社交平台上，运营者进行短视频传播和推广时可选择的平台和渠道是多样化的——既有有着巨大用户基础的微信、QQ和微博平台矩阵，又有颇具针对性和准确性的电子邮件模式。本节就围绕如何在社交平台上推广短视频进行介绍，以便帮助运营者实现维护好友关系与推广短视频二者兼得的目标。

5.2.1　朋友圈：优势多多助力推广

朋友圈这一平台，对于短视频运营者来说，虽然一次传播的范围较小，但是从对接收者的影响程度来说，却是具有其他一些平台无法比拟的优势，如图5-7所示。

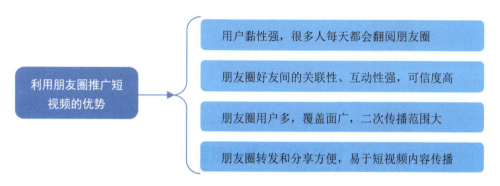

图 5-7　利用朋友圈推广短视频的优势分析

那么，在朋友圈进行短视频推广，运营者应该注意什么呢？在笔者看来，有三个方面是需要重点关注的，具体分析如下。

（1）运营者在拍摄视频时要注意开始拍摄时画面的美观性。因为推送到朋友圈的视频，是不能自主设置封面的，它显示的就是开始拍摄时的画面。当然，运营者也可以通过视频剪辑的方式保证推送视频"封面"的美观度。

> **专家提醒**
>
> 运营者如果想要让好友一眼就明白视频的主题，可以通过添加字幕的方式在视频开始播放的位置进行设置。

（2）运营者在推广短视频时要做好文字描述。因为一般来说，呈现在朋友圈中的短视频，好友看到的第一眼就是其"封面"，没有太多信息能让受众了解视频内容，因此要另外写上重要的信息，如图5-8所示。这样的设置，一来有助于大家了解短视频，二来设置得好，可以吸引大家点击播放。

（3）运营者推广短视频时要利用好朋友圈的评论功能。朋友圈中的文本如果字数太多，是会被折叠起来的，为了完整展示信息，运营者可以将重要信息放在评论里进行展示，如图5-9所示。这样就会让浏览朋友圈的人看到推送的有效文本信息。这也是一种比较聪明的推广短视频的方法。

图5-8 做好重要信息的文字表述

图5-9 利用朋友圈的评论功能

5.2.2 微信公众号：更利于构建品牌

微信公众号，从某一方面来说，就是个人、企业等主体进行信息发布并通过运营来提升知名度和品牌形象的平台。运营者如果要选择一个用户基数大的平台来推广短视频内容，且期待通过长期的内容积累构建自己的品牌，那么微信公众平台是一个理想的传播平台。

通过微信公众号来推广短视频，除了对品牌形象的构建有较大促进作用外，它还有一个非常重要的优势，那就是微信公众号推广内容的多样性。

在微信公众号上，运营者如果想进行短视频的推广，可以采用多种方式来实现。然而，使用最多的有两种，即"标题＋短视频"形式和"标题＋文本＋短视频"形式。图 5-10 所示为微信公众号推广短视频的案例。

图 5-10　微信公众号推广短视频案例

不管采用哪一种形式，都要能清楚地说明短视频内容和主题思想。且在进行短视频推广时，如果运营者打造的是有着相同主题的短视频系列，还可以把视频组合在一篇文章中联合推广，这样更有助于受众了解短视频及其推广主题。

5.2.3　微信与 QQ 群组：实现精准推广

无论是微信群还是 QQ 群，如果没有设置"消息免打扰"的话，群内任何人发布信息时都会收到提示信息。因此，与朋友圈和微信订阅号不同，通过微信群和 QQ 群推广短视频，可以让推广信息直达受众，受众关注和播放的可能性也就更大。

而且微信群和 QQ 群内的用户都是基于一定目标、兴趣而聚集在一起的，因此，如果运营者推广的是专业类的视频内容，那么可以选择这类平台。

另外，相对于微信群需要推荐才能加群而言，QQ 明显更易于添加和推广。目前，QQ 群有许多热门分类，短视频运营者可以通过查找同类群的方式，加入进去，然后再进行短视频的推广。关于在 QQ 群内进行短视频推广的方法，如图 5-11 所示。

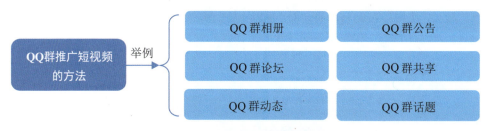

图 5-11　QQ 群推广短视频的方法

运营者可以通过相应人群感兴趣的话题来引导 QQ 群用户的注意力。如在摄影群里，可以首先提出一个摄影人士普遍感觉比较有难度的摄影场景，引导大家评论，然后运营者再适时分享能解决这一摄影问题的短视频。

5.2.4　QQ 空间：7 大方法引导关注

QQ 空间是短视频运营者可以充分利用的。当然，运营者首先应该建立一个昵称与短视频运营账号相同的 QQ 号，这样才能更有利于积攒人气，吸引更多人前来关注和观看。下面就为大家具体介绍 7 种常见的 QQ 空间推广方法，如图 5-12 所示。

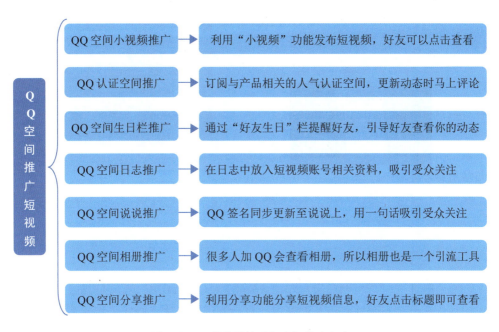

图 5-12　7 种常见的 QQ 空间推广方法

5.2.5　微博："@"功能与热门话题

在微博平台上进行短视频推广，除了微博用户基数大外，主要还是依靠两大功能来实现其推广目标，即"@"功能和热门话题。

首先，在进行微博推广的过程中，"@"这个功能非常重要。在博文里可以"@"明星、媒体、企业，如果媒体或名人回复了你的内容，就能借助他们的粉丝扩大自身的影响力。若明星在博文下方评论，则会得到很多粉丝及微博用户关注，那么短视频定会被推广出去。

图 5-13 所示为"小猿口算"通过"@"某明星来推广短视频和产品以及吸引用户关注的案例。

其次，微博的"热门话题"是一个制造热点信息的地方，也是聚集网民数量最多的地方。运营者要利用好这些话题，推广自己的短视频，发表自己的看法和感想，提高阅读和流浏览量。

图 5-14 所示为"萌吃货日记"的微博，它借助与内容相关的话题＃美食大 V 秀＃展开短视频推广。

图5-13 "小猿口算"微博的"@"功能应用

图5-14 "萌吃货日记"的微博借助话题推广

5.2.6 电子邮件：实现一对一推广

电子邮件推广，指的是将视频通过邮件的方式分享给特定的好友。使用这种方式推广，更加具有针对性，能实现一对一的视频交流，确保了视频的保密性和安全性。

关于短视频的电子邮件推广，在很多短视频APP上都可完成，如大家熟悉的抖音、美拍、西瓜视频等。当然，也有一些短视频APP并不支持一键分享到电子邮件的操作。

在此，以抖音为例，介绍如何一键分享短视频的操作，具体过程如下。

步骤 01 在短视频页面，点击"分享"按钮，如图5-15所示，弹出"分享到"窗格，点击"更多分享"按钮，如图5-16所示。

图5-15 点击"分享"按钮

图5-16 点击"更多分享"按钮

步骤 02 执行操作后，跳转到相应窗格，点击"电子邮件"按钮，如图 5-17 所示，进入 Mail 页面，如图 5-18 所示，登录邮箱并设置相关信息，即可完成短视频的分享和推广操作。

图 5-17　点击"电子邮件"按钮　　图 5-18　登录邮箱并设置相关信息

专家提醒

将视频通过邮件的方式发送时，发出的邮件是无法撤回的，即使将它删除别人依然能收到。所以，在通过邮件发送视频的时候，一定要认真仔细地选择好收件人。

5.3　6 大技巧，推动社交平台短视频推广

在社交平台上进行短视频推广，并不是说简单的分享就可达到好的传播效果，运营者需要掌握一定的技巧才能达到预期的推广目标。本节就介绍一些在社交平台推广短视频的干货技巧，以便帮助读者更好、更快地实现运营目标。

5.3.1　短视频分享 1：APP 直达社交圈

视频分享就是指将视频发布到平台上，让更多的人来观看。而且，视频在经过视频后期软件的编辑之后不需要先保存到手机中，可以直接发布到朋友圈。

能够直接将编辑好的视频发布或分享到社交圈中的手机短视频拍摄和后期处理软件有很多。笔者在这里以"小影-短视频剪辑"APP为例详细讲解如何将视频发布后直接分享到朋友圈。

步骤 01 打开"小影-短视频剪辑"APP，选择相应视频完成视频编辑操作，点击右上角的"保存/上传"按钮，如图5-19所示，进入相应页面，设置标题、添加视频文字描述和完成其他信息设置后，点击"保存/上传"按钮，如图5-20所示。

图5-19 视频编辑页面　　　　　　图5-20 "保存/上传"页面

步骤 02 执行操作后，弹出"分辨率"设置窗格，选择"清晰480P"选项，如图5-21所示，进入相应页面，会显示视频导出进度条，如图5-22所示。

步骤 03 视频导出操作完成后，进入相应页面，会显示视频上传进度，然后点击"朋友圈"按钮，如图5-23所示，进入相应页面，设置发表到朋友圈的相关信息，点击右上角的"发表"按钮，如图5-24所示，即可完成视频发布后直接分享到朋友圈的操作。

图 5-21　设置视频分辨率

图 5-22　显示视频导出进度

图 5-23　点击"朋友圈"按钮

图 5-24　分享到朋友圈操作

5.3.2　短视频分享 2：10 秒小视频快速分享

在社交平台上，短视频的推广是有时长限制的。如在朋友圈中推广短视频，要求视频时长不能超过 10 秒。因此，运营者如果想要实现快速分享，可以制作和选择那些时长不超过 10 秒的短视频。在此，笔者以西瓜视频为例，介绍分享10 秒短视频到朋友圈中的操作，具体步骤如下。

步骤 01　打开西瓜视频 APP，上传并发布视频后，在"我的上传"页面，

点击视频右侧的 按钮,在弹出的窗格中点击"分享"按钮,然后在弹出的窗格中点击"微信朋友圈"按钮,如图 5-25 所示。

图 5-25 "我的上传"页面

步骤 02 执行操作后,弹出信息提示框,点击"继续分享"按钮,如图 5-26 所示,跳转到相应页面,设置好相关信息,点击"发表"按钮,如图 5-27 所示,即可完成 10 秒短视频的分享。

图 5-26 点击"继续分享"按钮　　　　图 5-27 点击"发表"按钮

> **专家提醒**
>
> 　　10 秒小视频如今在 WiFi 网络情况下可以自动播放,能够让视频大面积地被人观看到。

另外，运营者要注意的是，很多平台分享短视频到微信朋友圈的渠道已经关闭，因此要妥当选择。如上面操作中介绍的西瓜视频，要想把发布在该平台上的短视频分享到朋友圈，只能通过复制链接的方式实现。分享到朋友圈显示的也是一个链接，用户只有点开才能查看视频。

因此，针对这种情况，运营者可以首先将短视频保存到手机中，然后再在朋友圈中分享。

5.3.3　短视频分享3：超过10秒也能分享

这里说的短视频主要指的是视频时长超过10秒的手机视频。在有些手机短视频后期处理软件中，超过10秒的视频也能进行分享。

在此，笔者以通过美摄APP分享时长超过10秒的短视频至朋友圈为例进行介绍，具体操作如下。

打开美摄APP，选择超过10秒的视频，成功上传并发表后，进入个人主页，在下方的"作品"区域，点击"分享"按钮，在弹出的"分享给好友"窗格中点击"朋友圈"按钮，跳转到微信平台的朋友圈发表页面，设置相关信息，点击"发表"按钮，即可完成发布，如图5-28所示。

图5-28　美摄APP可以对超过10秒的视频进行分享

5.3.4 配上吸睛文字,增强短视频趣味性

所谓视频与文字并茂,就是指将视频发布或分享到社交平台的时候,还要为视频配上相应的文字。很多人在看到视频的时候可能不会刻意来点击观看视频内容,但是如果添加了比较有吸引力的文字,就有可能提高视频的点击率。

图 5-29 所示为具有吸引力的分享到社交平台的短视频案例——利用文字设置悬念来吸引人们点击播放。

图 5-29 分享到社交圈的短视频需要视频与文字并茂

专家提醒

将视频分享到微博、朋友圈等平台时,视频所输入的文字需要具有一定的吸引力,能够引起受众的兴趣、好奇心等,比如"世界上竟然会有这么大的虾?"或者"这么舒适的公交站座椅没有人愿意坐一下,竟是因为这个原因!"等。这类文字其实也算是视频的另一个标题,能起到吸引受众的作用,所以运营者在用文字来使视频更加完美的时候,要注意"说话"的艺术。

5.3.5 设置所在位置,利用好最佳广告位

运营者在发布短视频时会发现,很多短视频 APP 都有设置位置的功能——如前面案例中介绍的"小影-短视频剪辑"APP,另外还有大家普遍喜欢的抖音。

而一些出名的,或者很多人想去的地方,可以作为推动短视频传播的重要因

素。因此，可以看到，很多运营者选择利用平台的定位功能来推广短视频。其实，除了短视频平台外，还有其他平台的定位功能可供应用，如朋友圈。

在分享和推广短视频时，将视频发布者发布视频时所在的位置显示在发布的朋友圈上——当然，所在的位置最好是大家所向往和知名的地方——这样的朋友圈短视频会更加吸引人们的注意力，比如巴黎、伦敦、普罗旺斯等。像这种很出名的地方，容易吸引别人的目光，尤其是十分想去又没有去过的人的目光。

除此之外，一些用于推广产品的短视频内容在分享时，可以设置位置为企业、店铺的地址，这样可以提升品牌的认知度，如图 5-30 所示。

图 5-30　添加了企业、店铺地址的朋友圈短视频分享

专家提醒

大家在对即将发布到朋友圈的短视频进行定位设置的时候，一定要开启手机中的定位功能，该功能在大部分手机中叫做"位置信息"功能，只有打开时才能搜索到大家所在的位置。如果没有打开，就可能无法实现定位。

5.3.6　选择提醒谁看，让短视频精准分享

在社交平台上，运营者可以通过"@"、提醒谁看等功能来推广短视频，这样可以把短视频精准地分享给需要的人。

@ 最早作为电子邮箱的一种符号，如今被广泛应用于社交平台中，能针对

性"呼叫"某人，所以在发布短视频内容时，@某人就能使某人得到消息。其中比较常用的是在微博平台上，其实，在朋友圈中也可以使用"提醒谁看"来进行短视频推广。

图 5-31 所示为设置了"提醒谁看"的朋友圈短视频推广案例，图中展示了设置图和效果图。

设置图

效果图

图 5-31　设置了"提醒谁看"的朋友圈短视频推广案例

第 6 章

视频 APP：做好短视频自家内容的推广

学前提示

随着短视频行业的发展，不仅出现了许多短视频 APP，同时，各在线视频平台也加入短视频运营行列中。本章就从视频类 APP 及其平台上的短视频推广出发，进行具体介绍，以便大家在社交平台外再建一个短视频运营平台矩阵。

要点展示

▶ 11 大平台，让短视频推广简单可行
▶ 7 大技巧，推动视频平台短视频传播

6.1　11大平台，让短视频推广简单可行

说到短视频，就会让人情不自禁地想到各式各样的手机APP，它们不仅提供了拍摄短视频的良好平台，而且还各具特色，让短视频制作和推广变得简单可行。本节将介绍几款热门好用的APP。

6.1.1　抖音：主打音乐短视频成清流

相对于一般的短视频拍摄软件来说，抖音APP的出现犹如一股清流，抛弃了传统的短视频拍摄，转而拍摄音乐段视频。对于年轻人来说，这一软件的出现，能让他们以不一样的方式来展示自我。此外，抖音APP的音乐节奏感十分明朗强烈，让追寻个性和自我的年轻人争相追捧。

相比于其他短视频拍摄软件只是在视频的呈现方式上下功夫，抖音APP则是另辟蹊径，以音乐为主题进行视频拍摄，这是其最大特色。

抖音APP作为一款音乐短视频拍摄软件，主要功能自然是音乐视频的拍摄。此外，抖音APP还有一些小功能值得发掘，举例介绍如下。

- 在首页为用户提供音乐推荐，用户可以根据自身的喜好选择相应的背景音乐。
- 用户可以选择快拍或者慢拍两种视频拍摄方式，并且具有滤镜、贴纸以及特效，使用户拍摄的音乐短视频更加具有个性。
- 抖音APP还能将拍摄的音乐短视频分享到朋友圈、微博、QQ空间以及有针对性地分享给微信朋友等。

因此，运营者如果想利用抖音平台推广短视频，就需要利用好该平台上的所有可利用的功能，并结合平台所具有的特色和优势。

专家提醒

作为音乐短视频拍摄软件来说，抖音APP深受年轻人的欢迎，但在拍摄除音乐视频之外的其他视频方面，功能明显逊色。

6.1.2　快手：记录和分享用户的生活

以"记录生活，记录你"为口号的快手自2012年转型为短视频社区以来，就着重于记录用户生活并进行分享。随着智能手机的普及和流量成本的下降，这款手机应用程序也迎来了发展的春天。

截至 2017 年 3 月，快手的用户已达到 4 亿，日活跃用户数也达到了 4000 万。发展到 2018 年 11 月，快手 APP 的下载安装已经达到了 41 亿多次。可以说，在各款短视频中，快手的下载安装次数是最多的。

在笔者看来，快手发展得如此迅速，是与其 APP 特性和热门综艺认证分不开的，如图 6-1 所示。

图 6-1　快手 APP 详情介绍

图 6-1 中提及的滤镜和魔法表情，就是喜欢拍摄短视频的运营者需要用到的。图 6-2 所示为快手的部分滤镜和魔法表情展示。

图 6-2　快手的部分滤镜和魔法表情展示

另外，快手区别于其他短视频平台的一个重要特征就是功能上并不着重于多，而是追求简单易用，并积极进行功能的提升。而正是这一特征，使得用户乐于使用快手来制作、发布和推广短视频。

以快手的拍摄功能为例，如果运用得好，就能打造需要的优质视频和促进推广了。首先，快手可以拍摄具有不同时长限制的视频，具体内容如图6-3所示。

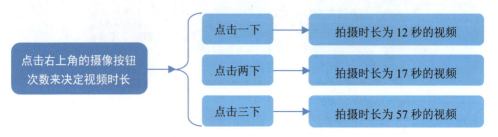

图6-3　点击右上角的摄像按钮次数决定视频时长

专家提醒

当运营者点击两下或三下摄像按钮时，在拍摄页面会出现"隐藏功能"信息提示框，显示"本模式下可拍摄或截取长达17秒的视频"或"本模式下可拍摄或截取长达57秒的视频"字样。

其次，在快手推广视频时，为达到上热门的运营目标，可以设置双标题或多标题。操作方法为：在视频编辑页面，点击"更多"按钮，展示更多功能；点击"文字"按钮，进入"文字"页面；选择标题背景和形式，输入文字设置第一个标题；完成后，再次选择标题背景和形式，输入文字设置第二个标题，如图6-4所示。这样设置后，在播放视频时在相应位置就会显示设置的字幕和标题，效果如图6-5所示。

图6-4　快手短视频的双标题设置操作

图 6-5　快手短视频的双标题设置效果展示

再次，运营者如果想要利用短视频推广产品，同样可以在快手中进行设置。在"发布"页面，可以看到一个"个性化设置"按钮，点击该按钮；进入相应页面，通过点击"添加商品或店铺"按钮即可进行相应设置，在发布视频时接入商品或店铺，如图 6-6 所示。

图 6-6　快手短视频的接入商品或店铺设置

6.1.3　西瓜：优势多多，让推广更易

西瓜视频 APP 是今日头条旗下的独立短视频应用，同时也可看作是今日头条平台上的一个内容产品，其推荐机制与头条号的图文内容并无太大差别——都

是基于机器推荐机制来实现的。通过西瓜视频平台，视频创作者可以轻松地推广和分享优质视频内容。

基于西瓜视频与今日头条平台的关联，运营者可以通过今日头条平台后台进行短视频的运营和推广。而通过今日头条平台后台的西瓜视频发表和推广短视频，具有多个方面的优势，具体分析如下。

1. 利用合辑功能

"发表合辑"是为适应视频内容的发展而推出的新功能，指的是视频集合。当然，这种集合并不是简单地把多个视频组合在一起，而是需要运营者对已发表的视频内容进行重新组织和整理之后的集合，是具有思想的、有固定主题的视频集合的发表。

因此，运营者可以对有着相同主题的一系列短视频进行整理，再设置一个吸引人的主题名称，就能得到众多想要获取某一方面知识且想要系统学习的人关注，最终实现短视频推广的目标。

专家提醒

在视频"合辑"功能中，所选择的视频既可以是自己发表的视频，也可以是其他人发表的视频。但是无论运营者选择什么样的视频，都必须坚持一个原则和中心，那就是选择的所有视频要有一个中心主题。

2. 设置金秒奖

通过今日头条后台的西瓜视频发布的短视频，还可以参与金秒奖。一般来说，出现在"金秒奖"频道首页的内容，都有较高的流量，有些更是高达百万播放量，引发了传播裂变。即使参与评选之后，并没有获得相关奖项，也能通过与"金秒奖"这一短视频行业的标杆事件发生关联而增色不少。

因此，运营者可以发表自己制作的优质短视频，参与金秒奖。当然，这里的优质主要包括两个层面的内容，一是所呈现的视频内容的质量，二是拍摄、制作的视频在图像、音效和字幕等多个方面的质量。只有这样，才能打造优质短视频，也才能在众多参与作品中获胜，夺得桂冠，从而吸引大量用户点击。

3．多样推广方式

西瓜视频还为了扩大推广范围和提升推广效果，积极进行多方面的营销尝试，如2017年6月的"找回新鲜感"跨界营销活动就吸引了众多人参与，刷爆朋友圈。在这一活动中，西瓜视频围绕"西瓜"这一当季水果，与百果园、果多美企业合作，一方面在30万颗西瓜上刻画创意标语和二维码，并通过扫二维码为购买者提供与"找回新鲜感的45种方式"相关的短视频内容；另一方面还准备了一个360°全方位环绕的视频体验馆，带给用户身临其境的观影震撼，成功地让年轻人排长队观看，如图6-7所示。

图 6-7　西瓜视频体验馆

6.1.4　火山：政策扶持，运营效果可期

火山小视频APP是由北京微播视界科技有限公司研制发布的一款主打15秒短视频拍摄的手机视频软件。它是相当火爆的短视频社交平台，以视频拍摄和视频分享为主。

火山小视频APP作为2017年热度较高的一款短视频拍摄软件，有其独特性，主要包括5个方面，如图6-8所示。

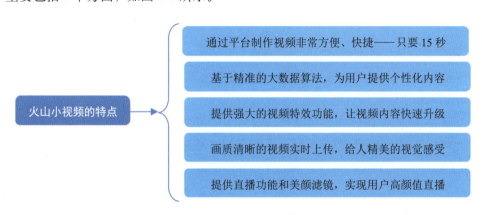

图 6-8　火山小视频的特点

同时，火山小视频为了加快发展，吸引更多人关注和参与，推出了一系列与小视频相关的扶持计划，如图6-9所示。

火点计划	这是一项培养UGC原创达人的长期扶持计划，在发掘和寻找之后，通过纪录片和宣传片的方式来分享他们与火山小视频之间的真实故事和生活
火苗计划	这项计划是建立在10亿元视频现金补贴基础上的计划，共包括两个核心内容，即开通打赏功能和小视频达人培训计划。变现和培训双管齐下，激励用户打造优质内容
15秒感动计划	火山小视频基于社会责任，推出了"15秒感动计划"，志在通过身边的感人故事，发现和传递社会正能量

图6-9 火山小视频推出的平台扶持计划

专家提醒

火山小视频APP与市面上众多的短视频拍摄软件相比，并不具有太多优势，但是火山小视频APP在拍摄完视频之后的编辑之中，却有独一无二的"抖动""黑魔法""70年代""灵魂出窍"以及"幻觉"5款特效处理，让视频充满个性化的同时又别具一格。

在火山小视频APP上进行推广，一方面可以借助该应用的特点打造个性化视频，另一方面可以借助平台的扶持政策，做到两者兼收，因此其短视频运营之路还是可期的。

6.1.5 美拍：集直播、拍摄和后期于一体

美拍APP是一款由厦门美图网科技有限公司研制发布的一款集直播、手机视频拍摄和手机视频后期处理于一身的视频软件。

美拍APP自2014年面世以来，吸引了众多人狂热参与，可以算得上开启了短视频拍摄的大流行阶段。后经众多明星的使用与倾情推荐，使人们一进行短视频拍摄，总会想到美拍APP，所以这款软件深入民心的程度可见一斑。

美拍APP的最大特色是四"最"，具体如图6-10所示。

此外，美拍APP主打"美拍+短视频+直播+社区平台"。这是美拍APP

的第二大特色，从视频开拍到推广和分享，一条完整的生态链，足以使它为用户积蓄粉丝力量，再将其变成一种营销方式。

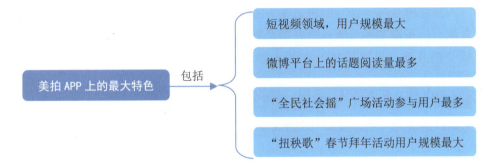

图 6-10　美拍 APP 的最大特色

美拍 APP 主打直播和短视频拍摄，以 20 多个不同类型的频道吸引众多粉丝的加盟与关注。图 6-11 所示为美拍 APP 的视频拍摄页面的主要功能用法展示。

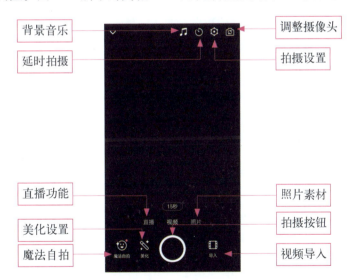

图 6-11　美拍 APP 主要功能用法页面展示

除图 6-11 所示的拍摄功能外，美拍 APP 还有些细节功能：一是为用户提供了 15 秒、60 秒以及 5 分钟的视频时长选择；二是强大的 MV 特效和大头电影等有趣的功能，能帮助用户拍摄出更具个性化的手机短视频；三是表情文让照片也能说话，提供在线音乐，边听边感受。

专家提醒

美拍 APP 主打直播与美拍，而且其拍摄视频的时长，只能选择软件提供的几种，用户不能自定义视频拍摄时长，所以在进行美拍 APP 视频推广时，要注意视频拍摄时间长度的把握。

6.1.6 小影：拍摄风格多样，特效众多

小影 APP 是由杭州趣维科技有限公司研制开发的一款集手机视频拍摄与视频编辑于一身的软件。小影 APP 的用户以"90 后""00 后"居多，因该软件的视频拍摄风格多样、特效众多，而且视频拍摄没有时间限制而受到众多人的追捧。

小影 APP 最大的特色就是即拍即停，主要用于短视频的拍摄与后期调整。在小影 APP 上，运营者可以拍摄、剪辑视频，可以设置特效让图像呈现出不一样的效果，还可以保存没有上传的视频草稿。

此外，在小影 APP 中还有些具体功能，一是实时特效拍摄镜头；二是超棒的 FX 特效以及大量精美滤镜可供用户选择与使用；三是利用小影 APP 拍摄手机视频，除了可以在拍摄时采用大量精美滤镜之外，该软件还有"自拍美颜"拍摄模式、"高清相机"拍摄模式以及"音乐视频"拍摄模式，更有九宫格辅助线帮助用户完成电影级的手机视频拍摄。

专家提醒

小影 APP 还有视频平台分享功能，用户可以将拍摄的视频上传到小影 APP 的平台，以供更多人欣赏。此外，在小影 APP 中，还有"小影百宝箱"，可以将视频按照不同的风格与题材进行分类，用户可以在其中下载相应的视频主题、相应字幕以及相应特效等。

6.1.7 爱奇艺：专注打造好玩、有趣内容

爱奇艺是一个以"悦享品质"为理念的、创立于 2010 年的视频网站。在短视频发展如火如荼之际，爱奇艺也推出了信息流短视频产品和短视频业务，加入了短视频发展领域。

一方面，在爱奇艺 APP 的众多频道中，有些频道就是以短视频为主导的，如大家喜欢的资讯、热点和搞笑等。图 6-12 所示为爱奇艺"资讯"和"热点"

频道的短视频内容展示。

另一方面,它专门推出了爱奇艺纳逗 APP。这是一款基于个性化推荐的、以打造有趣和好玩资讯为主的短视频应用。图 6-13 所示为爱奇艺推出的一款短视频类 APP。

当然,在社交属性、娱乐属性和资讯属性等方面各有优势的短视频,爱奇艺选择了它的发展方向——娱乐性。无论是爱奇艺 APP 的搞笑、热点频道,还是爱奇艺纳逗 APP 中推荐的以好玩、有趣为主格调的短视频内容,都能充分地体现出来。

图 6-12 爱奇艺"资讯"和"热点"频道的短视频内容展示

图 6-13 爱奇艺推出的一款短视频类 APP

而对于运营者来说，正是因为爱奇艺在某些频道上的短视频业务偏向和专门的短视频APP开发，让他们找到了推广短视频的平台和渠道。同时，爱奇艺作为我国BAT三大视频网站之一，有着巨大的用户群体和关注度，因而如果以它为平台进行短视频运营推广，其效果应该是不错的。

6.1.8 腾讯：可发短视频弹幕的平台

腾讯视频是我国市场最大且发展最迅速的在线视频平台，它于2011年正式上线运营。对于短视频运营者来说，腾讯视频网站有着巨大优势——拥有最大的移动端日活跃用户和付费会员。且在短视频迅速发展起来的情况下，腾讯视频也开始多处布局短视频内容，共推出了十款短视频产品，具体如图6-14所示。

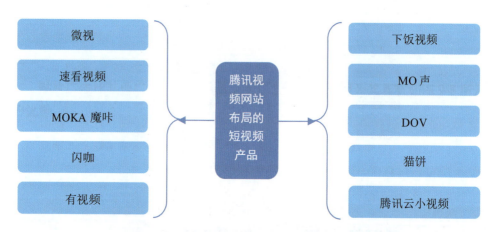

图 6-14　腾讯视频网站布局的十款短视频产品

当然，在腾讯视频本身的平台上，短视频内容也不遑多让——很多频道中都有短视频内容的身影。特别是在"小刷"频道，呈现出来的完全是一个与其他短视频APP一样的页面布局——以两列多栏的列表格式展示（如图6-15所示），其内容大多是不到一分钟的短视频内容。

在"小刷"频道中，用户点击短视频跳转到相应页面后，除了同其他短视频平台一样展示内容外，还会在页面上显示"发弹幕"图标，如图6-16所示，有利于运营者与用户、用户与用户之间更好地进行互动，从而在社交短视频化方面走得更远。

图 6-15　"小刷"频道的列表式布局页面　　图 6-16　显示"发弹幕"图标

6.1.9　搜狐：多元化的短视频自媒体矩阵

在短视频大火的时代，搜狐视频作为我国门户网站第一个视频分享平台，也抓住了时机和拿出了巨大的魄力来进行短视频运营，从而形成了多元化的短视频自媒体矩阵——汇聚了千余位达人进行短视频内容的创作，如图 6-17 所示。

图 6-17　搜狐视频网站的部分原创短视频达人展示

搜狐视频平台在短视频的推广上相较于其他平台，也有其独特的优势和特色，其重点在于对行业和领域的细分标签。下面以"科技"频道为例进行介绍。

大家可能发现，在很多视频平台上，"科技"频道的所有内容都是一起展示的，没有细分的标签加以区别。而在搜狐平台上，"科技"频道下还按照不同的内容分为"大咖阔谈""前言技术""手机通讯""智能硬件""科技资讯""科学探秘"6 大细分领域。用户点击相应标签即可进入各细分领域观看短视频。

图 6-18 所示为"手机通讯"和"科学探秘"细分领域的短视频内容展示。

图 6-18　"手机通讯"和"科学探秘"细分领域的短视频内容展示

基于此，短视频运营者在搜狐视频网站上上传视频时，可以在相应频道下选择细分领域，让其所属内容分类更精准，同时也让用户能够更加精准地找到需要的内容。可见，搜狐视频的细分领域分类设置是一种能更有效地推广短视频的方式。图 6-19 所示为上传短视频至搜狐视频网站时"汽车"频道下的细分领域展示。

图 6-19　上传短视频至搜狐视频网站时"汽车"频道下的细分领域展示

> **专家提醒**
>
> 运营者要注意的是，在"搜狐视频"APP 上上传短视频内容，是不能进行细分领域设置的，而只有大的分类设置。因此，要想实现精准推广，运营者应该通过 PC 端上传短视频。

6.1.10　芒果 TV：与平台合作完成优势升级

芒果 TV 是湖南广播电视台旗下的在线视频平台，为用户提供各类优质视频内容。在短视频内容平台崛起的情况下，开拓自己的短视频运营之路也成为芒果 TV 的必然选择。

然而，在 2018 年短视频行业保持快速增长的情况下，有些方面却不容乐观，如 PGC 和 OGC 的短视频内容就受到了明显的挤压。基于此，短视频行业普遍认为，接下来的一大关注点就是如何结合平台优势和优质推荐算法实现内容的高效分发，争取更多的用户时长。

芒果 TV 就是在这样的背景下开创了自己的短视频运营之路——与今日头条、一点资讯进行合作，共享优质短视频内容。芒果 TV 借助今日头条、一点资讯平台进行内容的分发，利用入驻账号实现更大范围的短视频推广，并通过优质原创短视频来带动长视频的播放，最终让芒果 TV 这一综艺 IP 的传播力和影响力大增。

当然，在芒果 TV 自身的平台上，也为用户提供了短视频的推广渠道。一方面，芒果 TV APP 上的众多频道中，如"原创""乐活"等就有优质的短视频内容分享，如图 6-20 所示。

图 6-20　"原创""乐活"等频道的短视频内容展示

由图 6-20 所示的"乐活"频道可知，该频道的短视频内容共包括食刻、潮流、旅游和星运 4 个类别。点击某一类别，还会发现更多细分领域。例如，在"潮流"页面，就显示了妆容、护肤、穿搭和特辑 4 个细分类别，如图 6-21 所示。

进入芒果 TV APP，点击"有料"按钮进入相应页面，也会显示众多的短视频内容，如图 6-22 所示。

图 6-21　"潮流"页面的细分类别　　图 6-22　"有料"页面的短视频内容

因此，短视频运营者可以选择注册芒果 TV APP 账号，然后分享短视频至相应细分领域，以实现短视频内容的运营推广。

6.1.11　优酷：快者为王，满足用户需求

优酷是国内成立较早的视频分享平台，其产品理念是"快者为王——快速播放，快速发布，快速搜索"，以此来满足多元化的用户需求，并成为了互联网视频内容创作者（在优酷中称为"拍客"）的集中营。

在优酷平台上，不管你是资深摄影师，还是摄影爱好者，也不管你使用的是专业的摄像机，还是一部手机，只要是喜欢拍视频的人，都可以成为"拍客"。

除了"拍客"频道外，优酷还推出了"原创"和"直播"等频道，来吸引那些喜欢原创并且热爱视频的用户。在优酷"原创"频道中，有很多热爱视频短片的造梦者，他们不断坚持并实现自己的原创梦想，借助平台诞生了一大批网络红人，同时他们也为优酷带来了源源不断的原创短片。

在优酷平台上还有一个"科技"频道。在该频道，用户可以观看各种科技产品的视频，比如手机测评、概念机曝光等。这对于经营与科技相关产品的企业来说，是一个非常不错的产品宣传渠道和短视频内容推广渠道，具体分析如图 6-23 所示。

优酷平台"科技"频道短视频运营	→	首先，企业可以通过视频形式展示品牌文化，通过企业文化的短视频宣传推广，能使用户更认可企业产品。这种形式的运营推广方式具有特别的意义，所以大型的互联网公司，对于企业文化的宣传向来都十分重视
		其次，企业可以利用短视频宣传企业的产品，介绍产品的用法，这样不仅能使企业的产品介绍更全面，也能在一定程度上打消用户的疑虑，进一步带动用户的购买欲望，从而实现运营和营销的目的

图 6-23　优酷平台"科技"频道运营分析

6.2　7 大技巧，推动视频平台短视频传播

在利用视频 APP 进行短视频内容的传播推广时，运营者应该综合分析各平台的特点，并进行运营技巧的总结，以提高短视频内容的播放量和分享数。在此，笔者将以抖音短视频 APP 为例，从 7 个方面介绍短视频内容的推广技巧。

6.2.1　热门内容：深入洞察，激发用户的共鸣

人们在观看短视频时，一般手指滑动的速度比较快，在每一个视频页面上决定是否观看的时间很短。因此，运营者要做的就是在一瞬间让用户决定留下来观看。而要做到这一点，借助热门内容的流量并激发用户共鸣就显得尤为重要。那么，运营者应该如何做呢？

在笔者看来，运营者应该从两个方面着手，一方面是寻找用户关注的热门内容，这也是运营者推广和传播短视频必要的方法和策略。另一方面，运营者可以利用短视频 APP 上的一些能快速、有效获取流量的活动或话题，参与其中进行推广，从而增加短视频内容的曝光度和展示量。

关于推广短视频的热点的寻找，可以利用的平台和渠道有很多，且各个平台又可通过不同渠道来寻找。例如，在抖音平台上，就可通过以下 4 个渠道洞察用户喜欢的热点内容，如图 6-24 所示。

当然，在寻找热门内容之前，运营者应该有一个大体的方向，也就是要有一个衡量标准——哪些内容更有可能让用户喜欢关注和乐于传播，这样才能让制作

的短视频内容在激发用户共鸣方面产生作用。那么，运营者应该在短视频内容方面把握好怎样的方向呢？

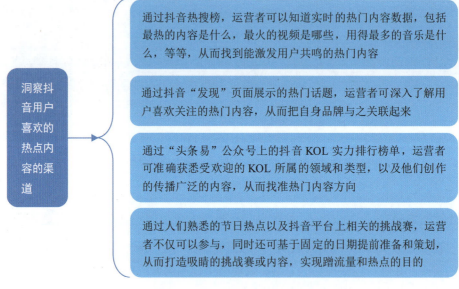

图 6-24 洞察抖音用户喜欢的热点内容的渠道分析

其实，用户感兴趣的内容可能有很多，且不同用户的兴趣点和情绪点也会不同，因而可选择的方向还是很多的。但是，要想安全无虞、快速地实现运营推广目标，在笔者看来，最好选择以下四类内容中的热门内容，如图 6-25 所示。

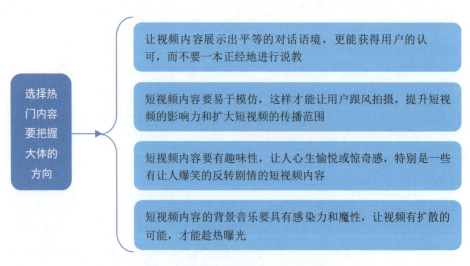

图 6-25 选择热门内容要把握大体的方向

6.2.2 多样场景：巧妙结合，让用户乐于接受

人们观看短视频，一般都是在闲暇时间和出于娱乐的心理，而不会去观看表现生硬的品牌内容。如果想要让短视频内容的呈现更形象、具体，那么考虑把视频内容与生活场景结合起来是值得借鉴的好方法。

那么，如何巧妙地把视频内容与生活场景结合起来呢？具体来说，有多种方法可实现，下面介绍在短视频中运用较多的一些方法，如图 6-26 所示。

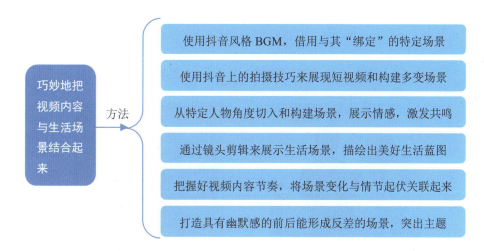

图 6-26　巧妙地把视频内容与生活场景结合起来的方法

6.2.3 黄金时间：抢夺注意力，提升推广效果

所谓"黄金时间"，即短视频内容中视听率最高的时段，一般是短视频的开头几秒。这一概念在短视频类的广告中比较常用，大家熟悉的抖音平台上的短视频品牌广告也是如此。

运营者在推广短视频广告时，就需要注意对黄金时间的把握，从而最大程度地提升品牌和短视频内容的推广效果。图 6-27 所示为把握黄金时间的 5 大要点。

如今，很多品牌都入驻了抖音平台，它们都充分遵循黄金时间的短视频品牌广告推广技巧，制作转化率超高的传播内容。图 6-28 所示为小米手机的抖音短视频案例。图中的两个案例都是在黄金时间深入地把一个卖点传达给用户，如以旧换新、手机拍照等，并在开头就以抢眼的内容吸引受众的注意力。

把握黄金时间的5大要点：
- 在黄金时间尽早展示品牌名称，强化品牌形象
- 在黄金时间展示品牌所能带给用户的利益点
- 在黄金时间多样化重复品牌名称，提升辨识度
- 利用抢眼的开头尽可能地抢夺用户的注意力
- 黄金时间要深入展示单一的产品卖点，切忌分散注意力

图 6-27　把握黄金时间的 5 大要点

图 6-28　小米手机的抖音短视频案例

6.2.4　智能分发：去中心化，更高的播放效率

随着今日头条、一点资讯等资讯平台的个性化推荐、兴趣引擎技术的发展和应用，更多的平台把个性化推荐摆在了适合时代发展的解决策略中，以抖音为代表的短视频平台也不例外。

关于以抖音为代表的短视频平台的个性化推荐，笔者从适合发展的角度具体分析其意义所在，如图 6-29 所示。

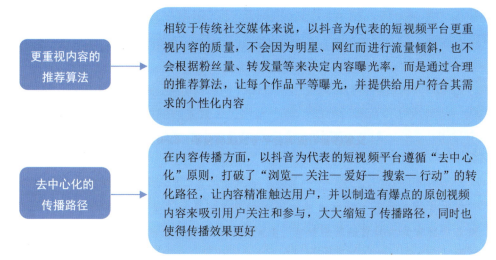

图6-29 以抖音为代表的短视频平台的个性化推荐的意义分析

运营者可以打造优质短视频内容,并通过平台的推荐算法和去中心化传播,实现全面的内容推广,如CoCo奶茶就是其中的经典案例。图6-30所示为CoCo奶茶的传播路径和效果分析。

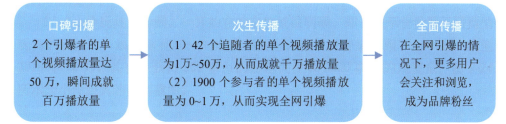

图6-30 抖音短视频平台的CoCo奶茶的传播路径和效果分析

那么,在智能分发的传播路径下,短视频内容应该如何实现高效推广呢?在笔者看来,有两个方面需要重点关注。

一是生活在互联网环境下的人,人与人之间有着标签化的心理归属,如热门标签"佛系青年"就是其中之一。基于此,运营者可以通过在内容中设置标签来更快地实现推广目标。

二是在人们快速浏览的阅读环境下,标题成为一个能大大提升传播效果的关键因素。因此,运营者可以通过打造创意标题,来提升关注度。当然,如果能在创意标题中加入热门标签,则必然能提升辨识度和吸引人们点击。

6.2.5 第一人称：真人打造，提升品牌可信度

在日常生活中，人们总是相信亲身实践、亲眼所见和亲耳所听的事情，即使它不是真正的事实，但在让人信服的效果方面明显更胜一筹。

短视频内容虽然相较于软文、语音内容更具真实感，但如果利用能体现亲身实践、亲眼所见和亲耳所听的"第一人称"来叙述，就更能增加真实感，也更能引导用户关注。特别是在通过短视频内容来推广产品和品牌方面，会更有说服力。

在短视频内容中使用"第一人称"来叙述，目的就是打造一个有着鲜明个性化特征的角色，这也是让视频更具有现场感的关键步骤。关于短视频中的"第一人称"表达方式，具体分析如图 6-31 所示。

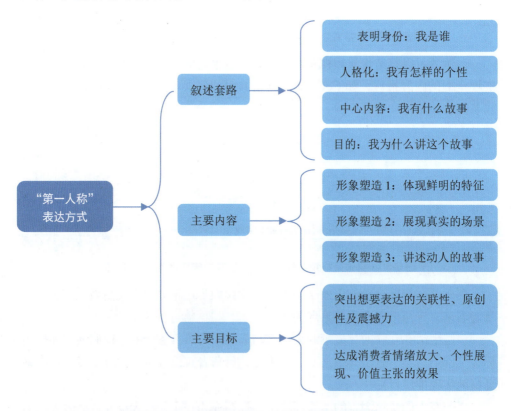

图 6-31　短视频中"第一人称"表达方式分析

可见，运营者使用"第一人称"表达方式来打造短视频内容不仅有利于构建人格化形象，还可以通过真人出演来提升信服感，特别是在有流量的明星、达人

参与的情况下，其关注度将会更高，传播效果也会明显更好。因此，可以多多使用这一方法来推广短视频内容。

6.2.6 合拍玩法：快手抖音，打造强互动视频

关于"抖音短视频"APP中的合拍功能，第3章已有详细介绍。其实，除了"抖音短视频"APP中有合拍功能外，"快手"APP也推出了合拍功能，即"一起拍同框"。

然而无论哪一个短视频平台，其合拍功能都是为了增强与用户互动，促进短视频内容传播和推广。下面介绍"快手"APP的合拍功能玩法，希望能为运营者运营推广短视频提供更多机会。

步骤 01 进入快手APP，切换至"发现"页面，在其中选择一个喜欢的短视频内容，如图6-32所示，进入该短视频的播放页面，点击上方的"分享"按钮，如图6-33所示。

图6-32 选择短视频

图6-33 点击"分享"按钮

步骤 02 在弹出的底部窗格中点击"一起拍同框"按钮，如图6-34所示，进入视频拍摄页面，如图6-35所示，进行相应设置和拍摄视频。拍摄完成后，进行视频编辑和发布，即可完成视频合拍。

图 6-34　点击"一起拍同框"按钮

图 6-35　视频拍摄页面

专家提醒

在快手的合拍视频拍摄页面,除了一般的视频拍摄设置外,还有一个合拍视频的位置选择按钮,包括左屏、右屏和画中画,如图 6-36 所示。

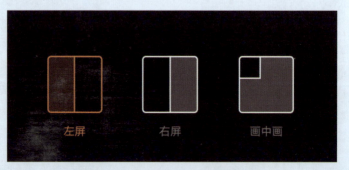

图 6-36　快手合拍视频的位置选择

6.2.7　抢镜玩法:小窗口,制作个性化短视频

与合拍一样,抢镜也是抖音在内容表达技术创新方面的一个表现——能够有效地通过内容提示用户的参与度和体验度。虽然,合拍和抢镜都是在原有的平台短视频上进行内容制作,并与其共同显示出来,但是,抢镜功能与合拍还是有着本质区别的——它更多的是利用视频化的内容来表达用户的态度,而不再是通

过单纯的文字评论和点赞等方式来反馈。图6-37所示为合拍与抢镜功能的差异介绍。

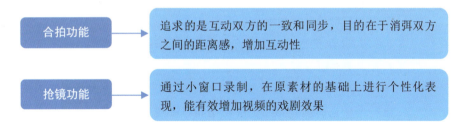

图6-37 抖音的合拍与抢镜功能的差异

那么，运营者如果想通过抢镜功能来推广短视频，应该如何操作呢？下面具体介绍。

进入抖音，点击"分享"按钮，如图6-38所示，在弹出的底部窗格中，点击"抢镜"按钮，如图6-39所示。开始加载并合成视频，然后进入视频拍摄页面，如图6-40所示，在页面左上角会出现一个小视频窗口，接下来按照抖音短视频拍摄和编辑视频的方法进行操作即可。

图6-38 点击"分享"按钮　　图6-39 点击"抢镜"按钮　　图6-40 抢镜视频拍摄页面

专家提醒

在利用抢镜功能拍摄视频时，左上角的小视频窗口是可以改变形式和移动的，具体操作如下：

（1）改变形式：运营者只要点击一下小视频窗口，即可让长方形窗口变为圆形窗口。

（2）移动位置：运营者只要按住小视频窗口不放，当页面上出现一个黄色的虚线框后，滑动手指将小视频窗口移至目标位置，然后松开手指，即可完成操作。

第 7 章

其他平台：12 个渠道实现短视频互赢推广

学前提示

除了社交平台和视频 APP 外，其他平台同样可以用来推广短视频——这是一种平台和短视频推广双方互惠的方式。本章内容主要集中在 3 个方面，包括营销平台、资讯平台和线下场景，帮助企业和用户实现短视频更广泛的推广。

要点展示

- ▶ 营销平台：打造爆款电商和外卖短视频
- ▶ 资讯平台：让短视频更多占据碎片化时间
- ▶ 线下场景：实现更精准的短视频内容推广

7.1 营销平台：打造爆款电商和外卖短视频

在电商、外卖等营销平台上，通过短视频内容，可以让用户更真实地感受产品和服务，因而很多商家和企业都选择通过短视频或直播的形式来进行宣传推广。本节就以淘宝、京东和美团外卖为例介绍如何进行短视频的运营推广，以便运营者在宣传短视频的同时提升销量和品牌形象。

7.1.1 淘宝：两大入口，充分利用流量优势

淘宝作为一个发展较早、用户众多的网购零售平台，每天至少都有几千万的固定访客。在用户流量方面，它是有着巨大优势的。而利用这一优势进行短视频的推广和产品、品牌宣传，其效果同样惊人。

在淘宝平台上，用户浏览短视频内容的入口也比较多，最主要的有两个，即"微淘"和商品"宝贝"页面，运营者也可以通过这些入口进行短视频推广，下面具体介绍。

1. "微淘"页面

运营者进入手机淘宝平台，点击"微淘"按钮，即可进入"微淘"的"发现"页面，该页面上的"精选""视频""故事""热榜"中都有众多短视频内容。运营者发布的与产品和品牌相关的短视频内容，完全可以通过这一渠道获得推广，让淘宝平台上的更多用户关注。图7-1所示为"微淘"中"视频"和"故事"页面的短视频内容。

图7-1 "微淘"中"视频"和"故事"页面的短视频内容

2. 商品"宝贝"页面

一般来说，在淘宝平台选择某一商品，进入该商品的"宝贝"页面，在上方的宝贝展示中会显示两种内容形式，即"视频"和"图片"。

在这两种形式中，视频相对于图片来说，商品介绍明显更生动、具体，更容易让用户了解。特别是关于商品功能、用法等方面的内容，犹如面对面教学，一步步告诉用户如何使用该商品。图7-2所示为一款九阳豆浆机的"宝贝"页面的短视频内容。

图7-2 一款九阳豆浆机的"宝贝"页面的短视频内容

专家提醒

在"宝贝"页面，有时候推广短视频内容的标签并不是如图7-2一样显示"视频"二字，而是直接展现视频内容的"功能""外观"等字样。

与"微淘"页面的短视频内容一样，运营者可以把一些优质的介绍商品的短视频推广到"宝贝"页面，供用户观看和了解商品。这不仅有利于短视频的推广，同时也是商家和企业进行营销时快速实现营销目标的必然选择。

7.1.2 京东：3大入口，更便于短视频分享

京东是我国一家数一数二的电商平台，京东旗下拥有京东商城、京东金融、

京东云等产品品牌。在传统电商领域，京东商城的行业地位很高。在粉丝经济时代，京东为寻求更好的发展，推出了各种形式的运营策略和功能，利用短视频进行产品和品牌宣传就是其中之一。

与淘宝一样，京东平台上的短视频入口也有很多，当然，最主要的推广入口有3个，即"发现"页面中的"视频""商品"页面和首页"京东视频"入口。下面笔者进行具体介绍。

1."发现"页面的"视频"

在"发现"页面选择"视频"菜单，切换到"视频"页面，在该页面上，显示了商家上传的各种短视频内容，如图7-3所示。浏览这些商品内容，发现都是介绍产品及其功能、特点或其他与产品相关的知识。可见，京东商家可以通过推广短视频来推动产品、品牌的营销。

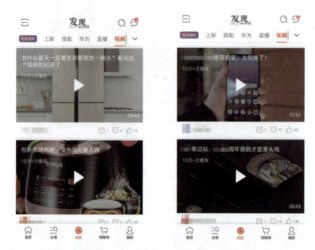

图7-3 京东"发现"页面中的"视频"页面的短视频内容举例

2."商品"页面

运营者搜索和查看某一商品，有时会发现在其"商品"页面，也显示了有关商品的图片和视频内容，视频标志在下方中间位置，还显示了视频时长，如图7-4所示。

只要点击播放按钮即可进行观看，且在视频播放页面，还有一个分享按钮，如图7-5所示，用于分享和推广短视频。运营者可以将上传到京东商城的商品短视频内容分享给微信好友和分享到朋友圈、QQ好友、QQ空间、新浪微博等。另外，还可以通过复制链接的方式在其他平台上分享短视频内容，如图 7-6 所示。

> **专家提醒**
>
> 在关于某一商品的视频内容中，京东与淘宝是存在区别的，如在视频播放页面，在淘宝平台上有"点赞"按钮，而京东没有，但有"分享"按钮；另外，就"分享"功能而言，淘宝分享的内容是该商品的图片、链接等，而京东可直接分享短视频。

图 7-4　京东"商品"页面的短视频内容展示

图 7-5　视频播放页面的"分享"按钮

图 7-6　短视频可以分享到的平台

3. 首页"京东视频"入口

在京东平台上，除了有与淘宝相似的"发现"页面的"视频"和"商品"页面的短视频内容外，还有一个专门的入口，即首页的"京东视频"。在首页上向下滑动，即可找到"京东视频"区域，点击"更多"按钮，即可进入"京东视频"页面，如图7-7所示。

在该页面下的"精选"页面上，可查看众多短视频内容。选择一个短视频进行点击，可进入相应页面观看。只要内容足够优质，商品性价比高，那么用户还是愿意分享短视频内容的，从而达到推广短视频的目标。图7-8所示为"京东视频"页面的短视频内容分享。

图7-7 进入"京东视频"页面　　　　图7-8 短视频内容分享

7.1.3 美团外卖：传播商家短视频品牌故事

在各种从事营销的平台上，不仅淘宝、京东等平台可以进行短视频推广，在外卖平台上同样有短视频的身影——存在于"品牌故事"页面，用于介绍品牌和产品。在此，以美团外卖为例，介绍该平台上的短视频推广。

例如"尊宝比萨"餐饮品牌，就在某加盟店的"商家"页面，点击"品牌故事"按钮进入相应页面，即可观看短视频内容，如图7-9所示。

该短视频内容通过讲述"坚守一份事业需要多少时间？"的故事，告诉读者手工做一份披萨所需要花费的时间，最终阐述"手工的，才是用心的"的品牌理念。

图 7-9 "尊宝比萨"的"品牌故事"短视频内容展示

又如,大家熟悉的"香他她煲仔饭"餐饮品牌,同样是通过短视频内容来进行宣传推广的。在"品牌故事"页面,该餐饮品牌通过"人气篇""香菜篇"和"香米篇"比较全面而系统地介绍了该品牌及其产品,让用户有了深入了解,如图 7-10 所示。

图 7-10 "香他她煲仔饭"的"品牌故事"短视频内容展示

7.1.4 产生信任:短视频多角度诠释企业品牌

一个商品,如果仅仅只是通过图片、文字等方式传播、转化,往往难以达到惊喜的效果,而且这种方式很有可能随着技术、人们生活方式的改变和发展而逐渐失去部分优势，因此，通过短视频来进行营销推广可以说是目前具有实用价值，并拥有提升商品转化率等优势的方式。

短视频内容因为所具有的真实、客观性，因而有着使公众信任的力量。也正是基于短视频内容所具有的公信力，使得它可以在非常有限的时间内，将包含了企业正面信息的内容，通过精美的视频画面展现出来，从企业使命、定位、产品服务、客户认可等多角度诠释品牌内涵，进而让客户信任企业，如图7-11所示。

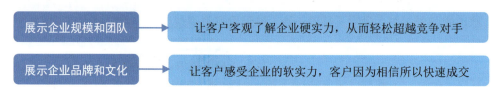

图7-11　短视频让客户快速对企业产生信任

企业可以通过视频来为自己代言，在视频中描述企业发展的故事，与客户见证过去、分享未来；表明自己愿意承担应有的社会责任，为观众带来更多正能量，比如对社会负责、真诚真实、经济实惠、感恩、专注创新等。如果能够在视频中展现企业强大的生命力和发展前景，那么产业链的上下游就会更加相信企业的未来。

7.1.5　塑造价值：短视频突出卖点让推广更省心

如今，各个行业的竞争对手都非常多，如果想要让自己的产品或服务脱颖而出，就要体现出独到之处。而电商、外卖平台上的短视频内容可以在推广时从塑造品牌的价值出发，从其突出的一个卖点着手进行介绍，从而可以让用户先认知产品的价值，再接受其价格，从此让推广和营销变得更省心、省力。

例如，"好好香锅"餐饮品牌就是一个将"合"作为主题的短视频。视频中从人的性格合、爱好合和志向合入手，延伸到"好好香锅"的各种食材合锅烹炒，合出"麻、辣、浓、香四位合一"的好美味，将产品的特点和优势展现出来。然后对产品的使用场景和画面——三五小聚进行了描述。在视频的末尾，基于前面的视频内容，最终展示了该品牌的原则和理念——"用心做好每一锅"，如图7-12所示。

图 7-12 "好好香锅"餐饮品牌的短视频内容展示

专家提醒

电商、外卖等平台上的短视频能全面地表达"企业核心竞争力",它们的创作重点主要应放在产品、服务、团队以及企业文化等方面,企业可以在视频中更加直观、立体地全面展示自己的好产品、好服务以及优秀的企业文化和工作团队。

7.1.6 自动营销:短视频成为企业的在线销售员

一般而言,短视频内容是比较直观的,而且互动性较强,比如很多企业在微博等社交平台上发布短视频时都会通过赠送礼物、抽奖等方式与用户进行互动。同时,短视频内容也会使商品的转化率有所提升。

这些特点让短视频具有了成为企业在线销售员的潜质,并有利于企业产品和服务在网络上进行自动化营销。也就是说,发布短视频能够大大提高企业产品的销量。

那么这些优势到底从何而来呢?实际上,除了短视频内容本身的显著特点外,还有由这些特点衍生出来的价值,比如短视频内容可以对与企业、品牌相关的各种信息进行准确的传播,具体如图 7-13 所示。

以淘宝某服装品牌店为例,为了提升自己的产品销量,大量使用短视频展示产品的各个方面的细节,让顾客更加直观地感受产品,从而产生购买的欲望,如

图 7-14 所示。

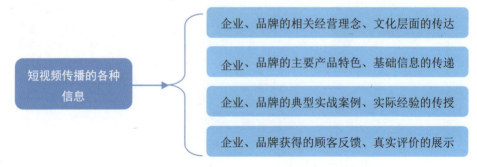

图 7-13　短视频传播的与企业、品牌相关的各种信息

图 7-14　淘宝某服装店的短视频展示

用户可以通过点击短视频右下方的黄色链接查看商品的详细信息，还可以进入动态内容，与商家进行互动购买。

除此之外，消费者还可以将短视频内容与好友分享，从而使得商家的产品传播得更远，有利扩大商家的品牌影响力，实现企业产品的自动化销售。分享短视频动态的途径比较广泛，主要是流量庞大的各种社交平台，比如微信、QQ、微博、支付宝等，也可以直接复制链接或者当面扫二维码来传播营销型短视频。

专家提醒

短视频能吸引用户的关注,使得他们自动分享和传播产品和服务,从而有效促进企业的产品和服务销售。在这个过程中需要注意的是,企业要保证短视频的内容质量,此外,不断拓宽传播的渠道也是值得重视的。

7.1.7 制造震撼:更富张力的短视频更易留下印象

短视频的优势很多,但其给人最为显著和直观的感受就是富有震撼力和冲击力。怎样才能让短视频更富张力呢?笔者将其方法总结如图7-15所示。

图7-15 让短视频更富张力的方法

短视频的这一点优势还可以从宣传整体、展示细节、直观全局以及细观局部等四大板块体现出来,意思就是企业在打造与产品相关的短视频内容时,要谨记从这四个方面去思考、去完善。

以主打家居产品的宜家为例,其推出的短视频就以大胆的创意、梦幻的色彩风格、简洁直观的讲解为主,给受众带来了极大的视觉冲击力和震撼力,并留下深刻印象,如图7-16所示。

专家提醒

短视频富有震撼力和冲击力的优势不仅可以提升产品的销量,而且还能帮助企业打响品牌,树立口碑,是不可多得的优势之一。企业要学会好好利用短视频进行推广,从而提升营销效果。

图 7-16　宜家温馨创意风格短视频 On the move PS 2014

7.1.8　讲好故事：多角度打造受人追捧的短视频

在打造优质的短视频时，要尽量向客户传达重点信息，这里的重点不是营销人员认为的重点，而是客户的需求重点。那么，究竟哪些信息对于客户而言是迫切需要了解的信息呢？笔者将其具体内容总结如图 7-17 所示。

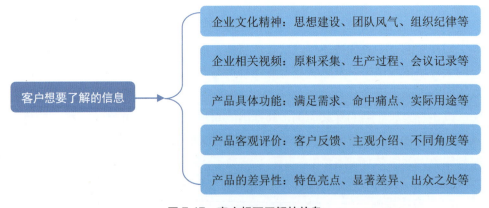

图 7-17　客户想要了解的信息

在短视频中传递这些信息内容时，为了避免让客户产生抵触和厌烦心理，可以采取讲故事的形式来展开。因为客户对营销类内容很难一下子接受，所以如果企业在打造短视频时能够充分掌握客户爱听故事的心理，就能更加轻松地传递出自己的特色信息。

不同于单调死板的介绍，讲故事的方式能够很好地吸引住客户的注意力，让客户产生情感共鸣，从而更加愿意接收短视频中的信息。而且，若内容与企业、产品、客户都密切相关，也就更容易打造成故事的形式。

所以，企业要想打造出受人欢迎和追捧的短视频，就应该从各个角度考虑、分析如何更好地用讲故事的方式来表达，如图7-18所示。

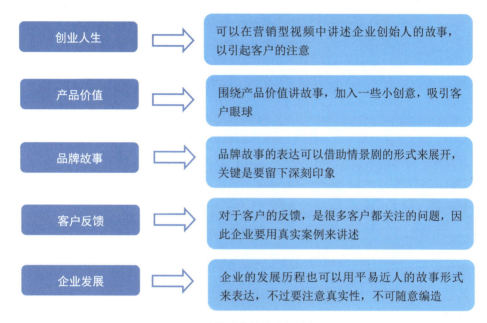

图 7-18　用讲故事的方式打造短视频

以诺基亚手机为例，其短视频就是通过讲故事的方式表达的，其中不仅带入了代言的故事，也融入了产品的特点，二者合二为一，相得益彰，如图7-19所示。

图 7-19　诺基亚用讲故事的方式推广品牌

专家提醒

每个事物都有故事,而人们也倾向于听故事,从小时候看童话和寓言故事到长大了看电视剧、电影,人们一直都在聆听、观看别人的故事。因为人总是不满足自身的故事,从而渴望从别人的故事中看到不一样的东西。因此,讲故事的方式容易抓住客户的痛点,使用得当会有意想不到的成效。

7.2 资讯平台:让短视频更多占据碎片化时间

在当前这个信息爆炸、生活节奏加快的时代,想要充分利用人们的碎片化时间进行信息的传递,利用资讯平台来推广短视频是一个比较理想的渠道。资讯平台上的短视频,依靠其传播快速的特点,带动庞大的流量,从而使得推广效果明显。本节就以今日头条、一点资讯、搜狐和百度百家为例介绍如何进行短视频的推广运营,从而最大化占据用户的碎片化时间。

7.2.1 今日头条:完成自身的短视频矩阵布局

今日头条是用户最为广泛的新媒体运营平台之一,其运营推广的效果不可忽视,所以,众多运营者都争着注册今日头条来推广运营自己的各类短视频。

抖音、西瓜视频和火山小视频这3个各有特色的短视频平台共同组成了今日头条的短视频矩阵,同时也汇聚了我国优质的短视频流量。正是基于这3个平台的发展状况,今日头条这一资讯平台也成为推广短视频的重要阵地。图7-20所示为今日头条的短视频矩阵。

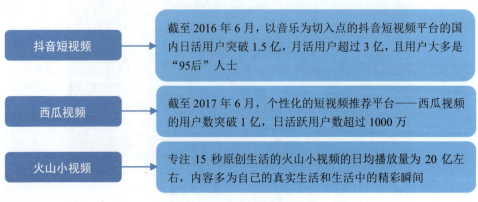

图 7-20 今日头条的短视频矩阵

要在有着多个短视频入口的今日头条上推广短视频，运营者应该基于今日头条的特点掌握一定的技巧。

1. 智能推荐

今日头条的推荐量是由智能推荐引擎机制决定的，一般含有热点的短视频会优先获得推荐，且热点、时效性越高，推荐量越高，具有十分鲜明的个性化，而这种个性化推荐决定着短视频的位置和播放量。因此，运营者要寻找平台上的热点和关键词，提高短视频的推荐量，具体如图7-21所示。

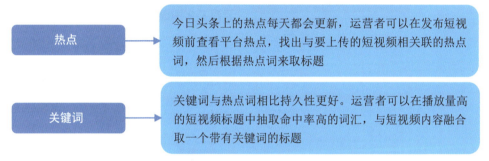

图 7-21　寻找热点和关键词提升短视频推荐量

2. 标题

上文已经多次提及标题，可见，今日头条的标题是影响短视频推荐量和播放量最重要的一个因素。一个好的标题的引流效果是无可限量的。因为今日头条的标题党居多，所以标题除了要抓人眼球，还要表现出十足的品质感，做一个有品质的取名高手。运营者在依照平台的推广规范进行操作时，还要留心观察平台上播放量高的短视频标题。

3. 严格把关

今日头条的短视频发布由机器和人工共同把关。通过智能的引擎机制对内容进行关键词搜索审核，平台编辑进行人工审核，确定短视频是否值得推荐。先是机器把文章推荐给可能感兴趣的用户，如果点击率高，会进一步扩大范围把短视频推荐给更多相似的用户。

因为短视频内容的初次审核是由机器执行的，因此，运营者在用热点或关键词取标题时，尽量不要用语意不明的网络或非常规用语，避免增加机器理解障碍。

7.2.2 一点资讯：短视频成为平台的重要内容

相较于今日头条，一点资讯平台虽然没有那么多入口供短视频运营进行推广，但是该平台上还是提供了上传和发表短视频的途径。在"一点号"后台首页，单击上方"发布"右侧的▼按钮，在弹出的下拉列表中选择"发视频"选项；进入"视频"页面，单击"视频上传"按钮，如图 7-22 所示。在弹出的"打开"对话框中选择合适格式的视频上传，上传完成后，即可跳转到视频编辑页面，进行相应设置，单击"发布"按钮，如图 7-23 所示，即可发表视频。

图 7-22　上传视频操作

图 7-23　视频编辑页面

运营者发布短视频并审核通过后,会在一点资讯的"视频"页面中显示出来,从而让更多的人看到运营者发布的短视频。当然,在发布时,要注意选准时间,最好是早上 6:00—8:30、中午 11:30—14:00 和晚上 17:30 以后。因为一点资讯平台的"视频"页面是按更新时间来展示视频的,选择这些时间推广,更容易显示在页面上方。

7.2.3 百度百家:两大方面助力推广短视频

百度百家作为百度旗下的自媒体平台,运营者只要注册了百家号,就可以在上面对多种形式的内容进行推广,视频内容就是其中之一。图 7-24 所示为百家号的"发布视频"页面部分内容展示。

图 7-24　百家号的"发布视频"页面部分内容展示

在利用百家号推广短视频时,除了一些常规性内容(标题、封面、分类、标签和视频简介等)要注意推广技巧外,运营者还有两个方面需要注意,下面进行具体介绍。

1. "定时发布"功能

在百度百家平台上,运营者可以在编辑完内容后,通过单击"定时发布"按钮,在弹出的"定时发文"对话框中设置发布的时间来发布视频。图 7-25 所示为"定时发文"页面。

图 7-25　"定时发文"页面

基于这一功能，运营者可以在空闲时间上传并编辑好视频内容，然后针对目标用户群体属性，选择合适时间实现精准发布。这样可以大大提升视频的曝光度，促进短视频的推广。

2．借助热门活动

在百家号后台"首页"的公告区域下方，会经常显示各种热门活动，例如奖励丰厚的"百万年薪"和"千寻奖"，短视频创作者完全可以参与。如果能获奖，不仅能增加收益，还能提升创作者的知名度，促进短视频的推广。

7.2.4　贴近生活：让用户基于需要而点击播放

上面已经介绍了今日头条、一点资讯和百度百家等资讯平台的短视频推广，再回想一下前面两章有关社交平台和视频平台的短视频推广，相信大家已经对这方面有了深刻的认识。那么，在资讯平台上，运营者应该如何提升短视频推广效果呢？在笔者看来，既然与资讯相关，那么这类短视频内容首先就必须贴近生活，这样才能接地气，引起用户关注。

具体说来，贴近人们的真实生活，有利于帮助人们解决平时遇到的一些问题，或者可以让人们了解生活中的一些常识。这类短视频内容在资讯平台上很常见。用户看到这类短视频，都会基于生活的需要而忍不住点击播放。

图 7-26 所示为一点资讯平台上的贴近生活的短视频案例。该短视频内容就是围绕如何分辨香蕉是否有虫来说的，这对于爱吃香蕉的用户来说，会觉得非常有用。且在推广时，在标题上就点明了它是"给谁看"的问题，有利于精准推广。

图 7-26 一点资讯平台上的贴近生活的短视频案例

7.2.5 添加趣味：有针对性才能更招人喜爱

在资讯平台上推广短视频时，如果在短视频内容中适当添加一些趣味，也可吸引用户的注意力。因为单单保证视频的质量还不够，重要的是让客户在观看短视频后能主动分享给身边的人，这样才会达到更好的传播效果。

那么，在短视频中添加趣味的时候，具体应该怎么做呢？无非就是添加趣味的情节、使用充满趣味的解说词以及创新表达方式，总之中心不要离开一个"趣"字，因为人们都喜欢接受充满快乐和心意的事物，因此有趣的短视频总是招人喜爱的。

图 7-27 所示为今日头条平台上添加的趣味的短视频案例。该短视频首先在标题上就设置了一个悬念——到底会不会变成旺仔牛奶，看到该标题，就能感受到其中充满趣味的内容和情节，从而引导用户点击播放。在情节安排和解说词方面，也是趣味满满，如"香味十足啊，还是先吃一颗吧，然后再藏一颗给媳妇""不行我手太累了，让它自然化一会儿"等。

专家提醒

值得注意的是，让用户觉得视频有趣不是一件容易的事情，因为不是所有人的兴趣点都是完全一致的。因此，在向短视频中添加趣味的时候要仔细琢磨，最好从各个方面综合考虑，有针对性地添加趣味。

图 7-27　今日头条平台上添加的趣味的短视频案例

7.2.6　情感共鸣：让更多用户获得精神享受

在资讯平台上，除了可以通过贴近生活的内容和添加趣味来推广短视频外，还有一点非常重要，那就是唤起人们共同的情感。资讯平台上就有一些短视频内容是以青春、亲情、励志、感人等为主题的，目的是让更多的用户从短视频内容中得到精神享受。

另外，还能让更多的用户从短视频内容中找到自己的影子，体会与自己相似的人生体验，带给观众关于人生各方面的思考，从而引起共鸣，让用户更加热衷于观看和分享短视频。

图 7-28 所示为今日头条平台上引起共鸣的短视频案例，它围绕一颗野草讲述了一个励志的故事。由其中的情节，用户会深深地感受到野草顽强的生命力，从而产生情感共鸣。

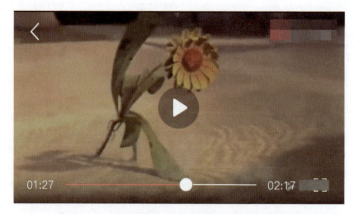

图 7-28　今日头条平台上引起共鸣的短视频案例

7.3 线下场景：实现更精准的短视频内容推广

在短视频推广过程中，除了线上平台外，线下也是一个重要的途径。基于短视频的优势，不少户外广告都采用了短视频的形式，并且这种广告凭借着其稳定的传播范围和效率得到了企业和商家的青睐。本节就以线下场景为例，介绍短视频形式的户外广告的运营推广。

7.3.1 社区电梯：稳定而刚需的短视频推广

社区电梯是推广短视频的一个重要场景，当然也是一个颇具优势的推广方式。虽然这种短视频广告具有资源有限且费用较高的劣势，但还是因为社区用户方面的优势而让一些企业和商家纷纷投入其中。关于社区电梯广告的优势，具体分析如图 7-29 所示。

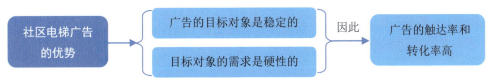

图 7-29 社区电梯广告的优势分析

图 7-30 所示为短视频形式的社区电梯广告案例。这两则广告时长都只有几秒，且其所推送的内容也是符合社区用户的——无论是京东还是森歌集成灶，都是社区用户需要的，因而转化率会比较高。

图 7-30 社区电梯广告案例

7.3.2 地铁：两大广告优势实现精准化推广

在城市交通工具中，地铁无疑是比较受大家欢迎的——乘地铁成为节约时间和避免堵车的最佳交通方式之一。而在乘坐地铁的人群中，以上班族和商务人员居多，基于此，很多广告主都选择在地铁上进行短视频推广。对广告主来说，利用地铁广告位进行短视频推广主要具有两个方面的优势，如图 7-31 所示。

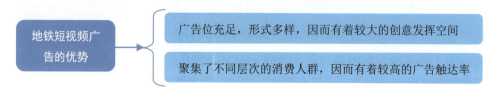

图 7-31　地铁短视频广告的优势

当然，在进行地铁短视频广告的运营推广时，运营者要注意区域化、精准化。一般来说，不同地区的地铁，其短视频广告内容应该具有差异性，如湖南湘窖酒厂的短视频广告，其选择的目的地就是长沙地铁，具有明显的区域性。

更重要的是，即使在同一个城市，每条地铁线由于经过的路线不同，乘客也会有很明显的属性差异，因此短视频广告也应该进行个性化、精准化投放。例如，一般通往火车站、机场的地铁线，乘客很多是长途而来的，或是旅游，或是路过，运营者可以播放一些城市或周边的具有特色的景点、特产等，从而实现推广。

7.3.3 商圈：广告主更明确的短视频推广

城市商圈，聚集的一般是年轻、时尚和有个性的消费者，消费者属性非常明显，因而选择进行商圈短视频广告推广的广告主也很明确，一般是处于时尚或科技前沿的品牌，其类别如图 7-32 所示。

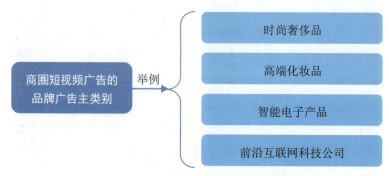

图 7-32　商圈短视频广告的品牌广告主类别举例

当然，无论是从商圈所处的地理优势和聚集的大流量，还是从广告主所处的发展路线来看，商圈类的短视频广告的价格一般都比较贵。当然，在短视频展现方面，也是物有所值的，一般都是通过商场内外的大型广告屏来展示，能让更多的人注意到。

7.3.4 交通：可基于群体共同特征进行推广

在交通方面，除了地铁这一交通工具外，还有其他一些能进行短视频推广的渠道，包括公交、出租和大巴等交通工具和公路、高速等道路。然而无论哪一种推广渠道，其目标消费群体一般都具有共同特征，因而在投放时可以基于群体特征进行有针对性的投放。

图 7-33 所示为某路线大巴上的肯德基宅急送广告。它以"惊喜更多"为饵，引导人们关注短视频和下载 APP，从而实现品牌推广的目标。

图 7-33 某路线大巴上的肯德基宅急送广告

7.3.5 公交候车亭：提升阅读率和达到率

除了公交车之外，还有一处极佳的推广短视频的位置，那就是公交候车亭。

人们乘车的时候，经常会遇到需要等车的情况，有时甚至需要在公交候车亭停留半小时以上。在候车时，人们总是会感到无聊和尴尬，这时就需要一个关注点来满足人们的视觉需求。如果在公交候车亭播放短视频广告，那么，即使那个广告已看了很多次，为了在无聊时打发时间人们一定还会观看。

　　这样的短视频不仅能满足人们的视觉需求，让人们观看到有意思的画面和有趣的内容，还能进行短视频推广。这一方式具有极大的推广优势，具体分析如图 7-34 所示。

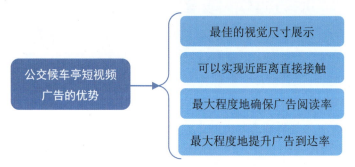

图 7-34　公交候车亭短视频广告的优势

7.3.6　村镇视频：品牌渠道下沉的宣传首选

　　随着我国社会经济的逐渐发展，市场消费发生了很大的变化，具体表现在以下两个方面：

- 市场消费的地区重心从一二线城市开始向三四线城市倾斜。
- 主力消费人群从都市精英转变为都市精英与小镇青年并存。

　　基于这一情况，广告主也把目标瞄准了村镇，试图通过短视频、图片等来进行推广。特别是致力于成为中国企业品牌渠道下沉首选媒体的农广传媒，更是与很多品牌合作，在村镇超市、卫生所等场景中推出更具特色的短视频品牌广告，如图 7-35 所示。

图 7-35　村镇超市、卫生所短视频广告的优势

7.3.7 传播快速：更快形成线下传播矩阵

正如短视频迅速火遍网络一样，线下场景的短视频广告在传播速度上也是非常迅速的，能形成快速传播矩阵，具体分析如图 7-36 所示。

图 7-36　线下短视频广告形成快速传播矩阵分析

7.3.8 精准推广：锁定人流密集场所的用户

线下场景的短视频广告，一般都是位于人流比较密集的场所，且所覆盖的受众都是有着明显的群体属性的，因而推广比较精准。当然，对运营者来说，也正是因为其精准，才选择了在相应的场所进行短视频推广。

对线下场景的短视频广告来说，实现精准推广是原则也是目标，具体分析如图 7-37 所示。

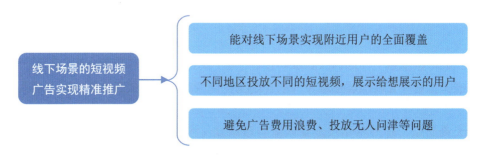

图 7-37　线下场景的短视频广告实现精准推广

7.3.9 智能互动：让用户自然地融入消费场景

相较于传统的图片式的户外广告展示而言，扎根于智能手机普遍应用和其他智能设备发展的大环境下的短视频广告，明显在智能化和互动性方面更胜一筹。这就使得在短视频推广过程中，达到了吸引受众关注和增加互动的双重作用。当然，让用户自然而然地融入消费场景的目标也就实现了。

第 8 章

营销爆款：20 个技巧抢占抖音短视频风口

学前提示

当运营者找到有利于短视频的推广平台和渠道后，接下来就是尽可能地加快自身产品的营销。本章将从 4 个方面入手，包括短视频的内容形式、营销步骤、营销玩法和行业营销关键，帮助企业和用户利用短视频打造抖音营销爆款。

要点展示

- ▶ 5 种形式，快速传播内容引爆品牌营销
- ▶ 3 大步骤，收割抖音流量抓住短视频红利
- ▶ 7 种玩法，提高产品曝光度和打造口碑
- ▶ 5 大行业，抓住营销关键才能无往而不利

8.1　5种形式，快速传播内容引爆品牌营销

相较于其他内容形式，短视频明显是一种沉浸感更强的表达方式——它能拉近用户与品牌之间的距离，让用户进一步接受和认可产品，进而实现从用户向消费者转化的目标。

那么，在以抖音为代表的短视频平台上，运营者应该如何依靠短视频内容来引爆品牌营销呢？下面笔者将介绍5大类短视频内容，帮助读者解答这一问题。

8.1.1　演技不凡：生动地呈现品牌特性

在抖音平台上，不只是音乐，运营者可以发挥平台优势和自身所长，做一个演技派，通过不凡的表演来展现品牌特性，实现品牌营销目标。

> **专家提醒**
>
> 所谓"吸睛"，是一个带有极大诙谐和搞笑意味的网络流行语，用在短视频中，是指表演、演戏很厉害的人。

关于演技派的短视频内容打造，既可以是歌曲演绎，也可以是自创内容演绎，还可以采用分饰多角的手法。那些想要塑造和改变形象的企业或品牌，就可以通过这类内容来充分展现——其效果将更加生动、形象，受众印象深刻。图8-1所示为一家工艺品店的短视频案例。该短视频通过一个独臂女孩制作手串的表演，既展示了主人公身残志坚的形象，又表明了产品精美、便宜的特性。

当然，运营者采用这一类内容进行品牌营销，还有一个很重要的考虑，那就是它适合发起挑战赛，吸引更多用户参与创作，从而实现人流的集聚和品牌营销。

图8-1　一家工艺品店的短视频案例

8.1.2 特效设置：借助达人影响力和标签

各个短视频平台上都安排了视频特效功能，运营者可以通过这些功能来宣传与品牌和产品相关的信息，达到提升品牌认知和辨识度的效果。加入特效设置的品牌短视频内容，如果能让其与抖音达人挂钩——借助其原生影响力和标签——那么，让品牌的进一步彰显也就不再是一句空谈了。

8.1.3 实物植入：毫无违和感的品牌营销

在短视频营销中，将实物产品软性植入拍摄场景，或作为拍摄道具来直观展现，是一个提升营销效果的有效方法。图 8-2 所示为 papi 酱代言的 Moussy 品牌植入短视频案例。在该视频中，papi 酱所穿的 T 恤上显示了 Moussy 的品牌标识，作为拍摄的道具软性植入短视频中，没有一点违和感，达到了推动品牌营销的目的。

图 8-2　papi 酱代言的 Moussy 品牌植入短视频案例

8.1.4 故事讲述：两个方面万万不能忽视

故事类内容是品牌营销中经久不衰的实用方法，其原因就在于故事能给人们身临其境的感觉——和用户共同感受故事所营造的氛围，引发互动和共鸣，并让人们不知不觉地记住了品牌及其产品，加深了品牌印象。

短视频内容中用故事来推广和营销产品的有很多，如前面第 7 章介绍的诺基亚手机就是其中一个。那么，在利用讲故事的方法进行品牌营销时应该注意什么呢？在笔者看来，主要有两个方面需要考虑，如图 8-3 所示。

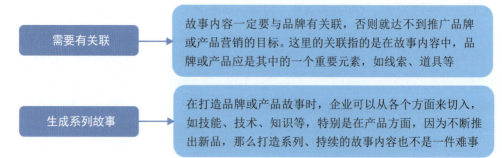

图 8-3 打造品牌营销的故事性短视频内容要注意的两点

8.1.5 动作插入：表现品牌引发用户联想

视频本身就是一个动的画面，如果再在视频内容中通过肢体动作来表现品牌或产品的特征，就更能让受众印象深刻。

而且，动作一般是持续性的，因此，短视频中的一个肢体动作，是极易引发受众联想的。另外，既然是用来宣传和推广品牌的动作，那么一定是有鲜明特征的，这样的动作插入在进行品牌或产品营销过程中还是有着重大意义的。

图 8-4 所示为一个制作手工粉条的动作类短视频案例。通过观看该短视频内容，用户会自然而然地想到粉条，从而实现产品的宣传和营销。

图 8-4 一个制作手工粉条的动作类短视频案例

8.2 3 大步骤，收割抖音流量抓住短视频红利

在短视频营销中，抖音是一个既受企业和商家青睐，又受用户欢迎的短视频平台。那么，在抖音这一有着 8 亿用户支持的平台上，具体应该如何进行营销呢？下面笔者分 3 个步骤介绍在抖音上营销的操作。

8.2.1 5 大流程，助力抖音号养号和成长

对运营者来说，如果想要进行营销，首先就要积累粉丝，也就是大家所说的"养号"。在抖音平台上同样如此。关于抖音号的养号，具体说来，主要包括以下方面，如图 8-5 所示。

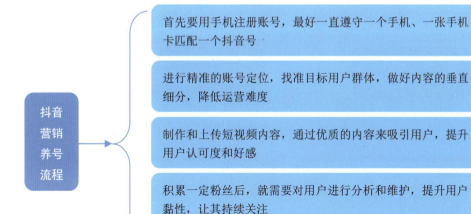

图 8-5　抖音营销养号流程

图 8-6 所示的抖音号养号流程中，短视频内容是至关重要的，可以说，没有内容的养号操作是白费工夫的。当然，短视频内容的来源可以是多元化的，只要坚持账号定位这一基本方向即可。

运营者不仅可以自己拍摄和制作短视频内容，打造优质的原创内容，为抖音号建设提供养分，还可以做好内容搬运工作，分享其他平台和其他抖音号好的短视频内容，丰富平台内容，从而吸引用户关注，并助力抖音号的成长。

8.2.2　多种工具，让抖音号运营更方便

在抖音号中，工具的使用很重要，特别是在短视频内容运营中，有很多工具需要用到，如视频剪辑、短视频解析下载、数据分析等。在此，笔者主要从"伪原创"内容的角度进行介绍。

在"伪原创"内容的制作和编辑中，首先要下载不包含水印的短视频，这就需要用到抖音短视频解析下载工具。运营者运用这个工具，可以做到两点，具体如图 8-6 所示。

运营者在运用这一工具时应该如何操作呢？其实非常简单，在抖音平台上选择一个短视频，点击"分享"按钮，然后在弹出的窗格中点击"复制链接"按钮，将复制的链接粘贴到"抖音短视频解析下载"（网址为 http://douyin.iiilab.com/）的文本框中，单击"解析视频"按钮弹出相应选项，然后单击"下载视频"按钮

下载视频，即可得到无水印的抖音视频，如图 8-7 所示。

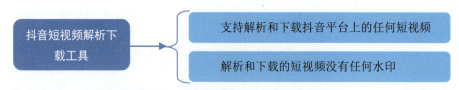

图 8-6 抖音短视频解析下载工具介绍

图 8-7 抖音短视频解析下载

专家提醒

从图 8-7 中可以看到，该网站还提供了其他短视频平台的视频解析途径，如快手、火山、头条西瓜等。

接下来就要对解析出来的短视频内容进行编辑——修改短视频的 MD5（Message-Digest Algorithm，消息摘要算法），这样才有可能获得系统推荐。在这一过程中，运营者可以使用的工具是"批量修改 MD5"。经过"批量修改MD5"工具批量修改后的短视频，不会再被机器识别出来是搬运过来的"伪原创"内容。

8.2.3 两大关键，不断升级和促成爆款

运营者学会打造优质的"伪原创"内容和个性化的原创内容后，接下来就是学习如何打造短视频营销爆款了。而要做到这一点，打造个人 IP 才是可持续的短视频营销之路。在个人 IP 成长之路上，内容的新奇性和实用性是关键。当然，运营者可以基于这两个关键点，不断升级短视频爆款玩法，提升品牌影响力。图 8-8 所示为打造爆款的抖音号案例介绍。

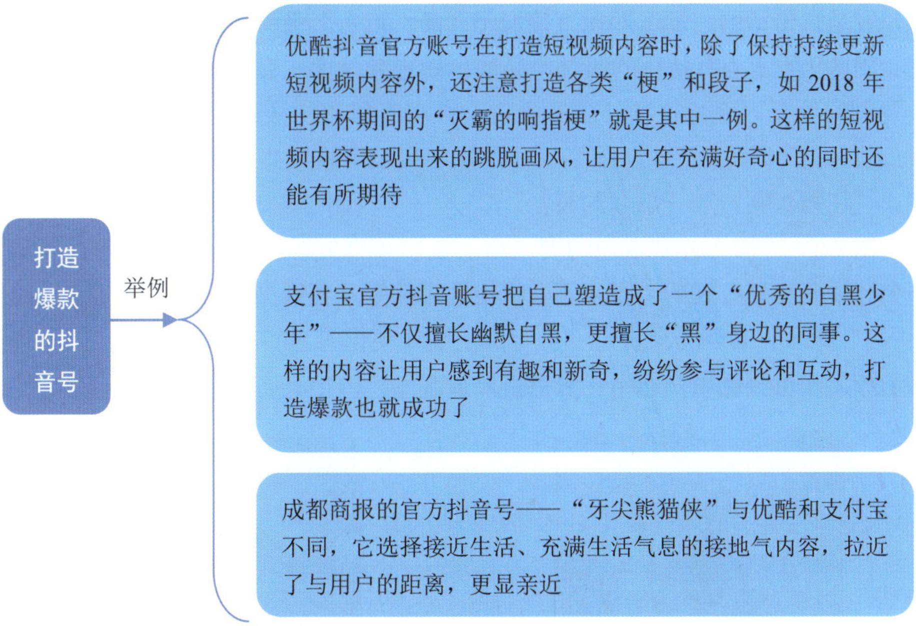

```
┌──────┐         ┌─────────────────────────────────────────┐
│ 打造 │         │ 优酷抖音官方账号在打造短视频内容时,除了保持持续更新 │
│ 爆款 │ ──举例─▶│ 短视频内容外,还注意打造各类"梗"和段子,如2018年 │
│ 的抖 │         │ 世界杯期间的"灭霸的响指梗"就是其中一例。这样的短视 │
│ 音号 │         │ 频内容表现出来的跳脱画风,让用户在充满好奇心的同时还 │
│      │         │ 能有所期待                              │
└──────┘         └─────────────────────────────────────────┘
                 ┌─────────────────────────────────────────┐
                 │ 支付宝官方抖音账号把自己塑造成了一个"优秀的自黑少 │
                 │ 年"——不仅擅长幽默自黑,更擅长"黑"身边的同事。这 │
                 │ 样的内容让用户感到有趣和新奇,纷纷参与评论和互动,打 │
                 │ 造爆款也就成功了                          │
                 └─────────────────────────────────────────┘
                 ┌─────────────────────────────────────────┐
                 │ 成都商报的官方抖音号——"牙尖熊猫侠"与优酷和支付宝 │
                 │ 不同,它选择接近生活、充满生活气息的接地气内容,拉近 │
                 │ 了与用户的距离,更显亲近                    │
                 └─────────────────────────────────────────┘
```

图8-8　打造爆款的抖音号案例

图 8-8 所介绍的 3 个抖音号的爆款打造过程,各有特色和方向,可见,只要找准定位,选择一个颇有特色的垂直领域进行运营,并制作优质的或能带来惊奇感或能让人感到实用的内容,那么打造爆款也就胜利在望了。

8.3　7种玩法,提高产品曝光度和打造口碑

利用抖音平台进行营销,是符合时代的能够快速收获流量红利的营销方法。那么,在抖音平台上,运营者应该如何利用这一平台进行营销呢?在笔者看来,主要还是在于产品和品牌的曝光与口碑打造。下面将基于这一总的策略方向,介绍 7 种营销方法。

8.3.1　直接呈现:产品要有特色或自带话题

在抖音短视频平台上,运营者应该根据自身品牌和产品的特点来选择呈现方式。大家都知道,抖音上的视频都比较短,要想在短短的 15 秒内让用户对品牌和产品产生兴趣,视频至少要有一个亮点。

对于专门展示品牌和产品的短视频,运营者可从两个方面打造亮点,一是直接呈现,二是侧面烘托。从前一个方面来说,如果产品本身有亮点——特色和趣

味,或是自带话题,那么即使直接展示产品,也是会吸引用户关注的。

图 8-9 所示为有特色的服饰产品展示短视频画面。在该视频中,展示了一款有特色的外套,因为这款外套本身对女性有吸引力,该条短视频获得了 21.1 万个点赞和近 6000 条评论,很多人在评论中表示对视频中的产品感兴趣,纷纷询问:"在哪买啊?""怎么购买?"

图 8-10 所示为自带话题的婴儿用品展示短视频画面。在该视频中,展示了一个让婴儿感到有趣的、再也不会抗拒洗澡的婴儿便携澡盆,用户看了之后纷纷感叹:"用这个宝宝洗澡肯定乖!"由于婴儿便携澡盆自身带有话题,因此直接展示产品,也会让用户忍不住去点击播放。

 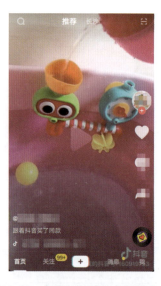

图 8-9　有特色的女装外套　　　　图 8-10　自带话题的婴儿便携澡盆

总的来说,如果产品具有一定特色或具有话题性,那么可以通过直接展示的方法来促进销售。特别是一些经营电商品牌的抖音号,可以利用这种方法来进行产品推广——找到产品的卖点和特色并通过短视频展示出来,营销也就成功了。

8.3.2　侧面烘托:策划周边产品形成联动效应

除了直接展示有特色或具有话题性的产品外,还可以通过视频进行侧面烘托,制造话题和亮点,以便更加全面地展现品牌和产品。

通过视频进行侧面烘托的展示方法中,运营者所选择的用于烘托的产品也需要注意,它必须与被烘托的产品有一定的关联。举例来说,如果短视频要展示的是化妆类的产品，那么其有关联的产品也应该是其他化妆类产品或能搭配的产品，如首饰、发带等。

图 8-11 所示为面膜产品的侧面烘托展示案例。该视频中出现的面膜、化妆棉都与化妆、美容有关，在营销面膜时通过策划与其相关的产品——化妆棉，来传递面膜"双重保湿"的功效。

图 8-11　面膜产品侧面烘托展示案例

8.3.3　额外用途：创新性挖掘扩大产品需求范围

在用短视频运营和营销时，可以从产品的功能角度来进行挖掘，找出更多对用户来说"有用"的内容，这样也能吸引用户的关注，扩大产品的需求范围。

图 8-12 所示为利用湿巾的盒子让薯片没吃完也不变潮的案例。该视频中在展示了 Lays 薯片和湿巾的同时，还挖掘了湿巾包装的额外用途。这个视频吸引了 8 万多人点赞。

当然，运营者如果想要进一步提升营销效果，最好还是对要宣传的产品进行功能挖掘。图 8-13 所示为延伸拖把旋转桶功能的案例。在该视频中，播主把衣服放在旋转桶中，然后再旋转拖把把衣服拧干，从而对拖把旋转桶的功能进行了延伸。

图 8-12　利用湿巾的盒子让薯片没吃完也不变潮的案例

图 8-13　延伸拖把旋转桶功能的案例

8.3.4　特色优势：短时间内聚焦打下认识基础

关于产品的营销，其要点就在于特色优势的展示。运营者可以在 15 秒的短视频中完全聚焦其优势进行宣传，如图 8-14 所示。

图 8-14　聚焦优势展示的抖音短视频案例

在图 8-14 所示的抖音短视频中，播主想要介绍的是名为 Line-X 的超强涂料，利用多个实验进行对比，突出了涂料的超强黏性和抗压力——无论是西瓜还是泡沫，都利用没有涂料之前的脆弱和涂上涂料之后的抗摔与抗压，充分展示了该涂料的优势，起到了宣传产品的作用。

8.3.5 借用场景：两种方法提升产品宣传效果

在进行短视频产品营销时，一般有两种情况，一是与产品相关的场景宣传，如制作场景、使用场景等；二是产品的特定场景植入。这两种借用场景的方法都是在视频营销中比较常见的，运营者可以借鉴并学习。

1. 与产品相关的场景宣传

在短视频运营中，如果把制作产品的过程和场景展示出来，或是介绍产品的使用场景，则能增加内容的说服力，让用户放心购买。当然，在展示与产品相关的场景时，也是有选择性的：如果是一些手工产品，最好选择其制作场景进行展示；如果是一些生活用品，最好把其功能和使用场景展示出来。

图 8-15 所示为与产品相关的场景宣传的抖音短视频案例。前者为紫罗兰手串的制作场景，后者为防水插座的功能使用场景。

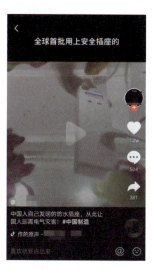

图 8-15 与产品相关的场景宣传的抖音短视频案例

2. 产品的特定场景植入

这一方法在电影、电视剧中很常见，是很多企业和商家乐意选择的营销宣传方式。这一营销玩法与 8.1.3 节的短视频内容营销方式一样，即在进行营销宣传时把产品软性植入拍摄场景或是把产品当作拍摄道具使用。

8.3.6　营销盛况：侧面烘托营造产品的良好口碑

有时候，商家和企业不会直接说自己的产品有多么好，而是通过产品营销的火爆来侧面烘托出这一点，如排队购买、卖断货等，营造良好口碑，且更有利于说服受众，如图 8-16 所示。

图 8-16　通过产品营销火爆来营造口碑的抖音短视频案例

图 8-16 所示的两个短视频中，前者通过 40℃下排队也要吃火锅的盛况来侧面烘托该火锅店产品的美味，后者通过文案"双十一卖断货了，现在通宵加班补货，希望买家不要退款……"说明家具极受欢迎，并通过视频画面中忙碌的工作场面来强调这一点。

8.3.7　展示日常：让品牌文化扎根于用户心底

用户更愿意选择大品牌、大企业的产品，为什么呢？除了产品本身在质量和服务上有保障外，未必不是企业文化影响的结果。一般来说，形成了知名品牌，也就慢慢形成了企业和品牌文化。

而企业正是凭借形成的文化底蕴，让用户心里有了固有的认知，让其品牌和产品的辨识度也随之大大加强。而对用户而言，他们心里也有着一份文化归属，如时尚、创新、休闲等，用户更加愿意购买符合自身归属的产品。

基于这一点，短视频运营者可以不断更新内容，塑造企业和品牌形象，传播企业和品牌文化，让品牌及其文化扎根于用户心底。就文化的打造和传播而言，小米就做得很成功——它通过其抖音账号之一"小米员工的日常"发布视频来展示企业和员工的日常,全面呈现其员工之间的平等和伙伴似的关系,以及崇尚的创新、快速等互联网文化,如图 8-17 所示。

图 8-17　展示小米企业文化的抖音短视频案例

8.4　5 大行业,抓住营销关键才能无往而不利

上面介绍了利用抖音进行营销的多种玩法,为大家详细介绍了运营者促进产品营销目标快速实现的技巧。一般来说,这些技巧适用于所有行业。而对各个行业来说,利用抖音短视频进行营销,又各有其营销的关键。只有掌握了上面介绍的技巧,再懂得各行业营销关键,才能在各领域的短视频营销中无往而不利。

在此,笔者就以餐饮行业、日用品、文娱产品、旅游行业和汽车行业的短视频营销为例进行具体介绍,相信能为各领域的短视频运营人士和营销人员带来好的建议和技巧。

8.4.1　餐饮行业:4 大关键打造网红餐饮

随着移动互联网和新媒体的兴起,餐饮行业也在不断提升发展层次和扩大发展渠道,如团购餐饮、网红餐饮等的出现,就很好地说明了这一点。那么,在短视频这一形、色兼备的内容形式大火的环境下,餐饮行业将如何才能营销成功呢?

在笔者看来,运营者应该从 4 个方面着手,具体分析如图 8-18 所示。

```
                    ┌─────────────────────────────────────────────┐
                    │ 要注意借助用户的力量。也就是说，在运营和营销过程中， │
                    │ 不仅应该设置一些适合拍摄的产品营销的点，让他们拍得开 │
                    │ 心，还应该鼓励用户拍视频，如分享视频得优惠或赠送菜品 │
                    │ 等，让短视频餐饮营销加速                      │
                    └─────────────────────────────────────────────┘

                    ┌─────────────────────────────────────────────┐
                    │ 要充分展现拍摄抖音视频的餐厅特色。在人们生活水平大幅 │
   ┌──────┐         │ 提高的情况下，用户可以基于玩得开心去做与抖音播主一样 │
   │ 餐饮 │         │ 的事，因此，餐饮行业若能打造特色餐厅和卖点，并通过抖 │
   │ 行业 │         │ 音展示出来，是很容易让用户慕名而来的           │
   │ 的短 │─────────┤                                             │
   │ 视频 │         └─────────────────────────────────────────────┘
   │ 营销 │
   │ 关键 │         ┌─────────────────────────────────────────────┐
   └──────┘         │ 要突破传统菜单，打造边吃边玩的餐饮经营模式。这一点主 │
                    │ 要是针对传统老店来说的。运营者可以为没有特色的店创造 │
                    │ 特色——创造各种神奇吃法和玩法，以吸引用户       │
                    └─────────────────────────────────────────────┘

                    ┌─────────────────────────────────────────────┐
                    │ 要注意为自身餐厅设置一个有个性的网红形象，这也是进行 │
                    │ 餐厅包装的一部分内容。若餐厅树立起了招牌形象，那么不 │
                    │ 仅有着该形象的抖音短视频能吸引大量用户关注，还能吸引 │
                    │ 用户到线下体验和拍摄抖音短视频                │
                    └─────────────────────────────────────────────┘
```

图 8-18　餐饮行业的短视频营销关键

8.4.2　日常用品：两大要点促进产品成交

相对于网红餐饮来说，有关日常用品的短视频目标用户明显更多，原因就在于产品的实用性和适用性。利用短视频来展示日常用品，可以让其实用性更充分地体现出来。在笔者看来，日常用品短视频的营销要注意的关键点主要有两个，具体分析如下。

1. 充分体现实用功能

既然是日常用品，那么用户的关注点还是在"用"上，运营者不仅要体现其实用性，更重要的是，要把实用性这一特点向更好、更方便的方向上发展。例如，如果是日常的化妆用品，就要体现出其实用性比其他产品更优质的方面，这也是能吸引用户的优势所在。

图 8-19 所示为一个关于粉底液的短视频营销广告。在该短视频中，运营者不仅通过播主的操作展示了其实用性，还突出了其优势——妆养合一。另外，它还用优惠"今天买一送一"来吸引读者，实现了让用户快速下单的目标。

2. 提供快速购买入口

很多用户在看到自己所需的生活用品时，如果实在喜欢，会忍不住与播主互动和要求购买，因此提供一个快速的购买入口，有助于产品成交。图 8-20 所示就是一个关于手工编织的美人兔棉鞋的抖音短视频及其评论页面。在所展示的评论页面中，用户不是要求购买就是希望能学会怎么做。可见，提供一个购买入口还是很有必要的。

图 8-19 关于粉底液的短视频营销广告

图 8-20 关于手工编织的美人兔棉鞋的抖音短视频及其评论页面

8.4.3 文娱行业：3 个方面扩大营销优势

所谓"文娱"，就是指文化、艺术和娱乐活动等。抖音作为一个主打音乐的短视频平台，在这一方面明显要比其他平台更有优势。有很多抖音热歌，备受人们欢迎和传唱。

除了音乐以外，文娱行业的其他产品，如综艺、电视剧等，也通过抖音大大提升了播放热度。例如，在电视剧《烈火如歌》播出期间，迪丽热巴的宠溺捧脸杀，被众多用户模仿改编，实现了更大范围的传播，如图 8-21 所示。

图 8-21　电视剧《烈火如歌》的短视频营销案例

可见，在文娱行业，利用抖音进行宣传和营销是很有必要的。那么，运营者应该如何利用抖音短视频进行营销呢？在笔者看来，有三点必不可少，如图 8-22 所示。

文娱行业的短视频营销关键
- 抖音短视频很短，因此，无论是其中的音乐、视频还是文字，都应该选择能击中人心的片段。这就需要文娱产品具有丰沛的情感，让用户不自觉地被感动
- 用于推广文娱产品的短视频内容，其本身应该有着强烈的表现效果，这样才能满足用户的好奇心、新鲜感和共鸣点，特别是音乐，一定要适合短视频内容
- 在抖音平台上，要想最大程度提升视频营销效果，重要的还是要引起用户互动。文娱行业的短视频营销也应该从这一点出发，打造人人能玩的短视频，这样才能加深用户对文娱产品的辨识度和好感度

图 8-22　文娱行业的短视频营销关键

8.4.4 旅游行业：3个条件打通消费通路

相对于其他行业来说，旅游明显是一个极低频的行业，无论是出行决策、预订还是出行，都需要酝酿相当长一段时间，来一场"说走就走的旅行"还是比较难的。因此，旅游行业的营销从文字发展到图片，还是没有完全让旅游行业大火起来。

而随着短视频的出现，通过抖音、快手等平台，旅游行业有了新的发展希望，一些网红旅游景点开始出现，如重庆的"洪崖洞"、西安的"摔碗酒"等。其原因在于短视频为运营者和旅游爱好者提供了高互动、低门槛的内容传播通路。

旅游行业应该抓住短视频营销风口，打造网红旅游景点，最终带动整个城市和地区的旅游发展。那么，运营者应该如何做呢？在笔者看来，首先就应该打通从娱乐流量到消费流量的通路，将用户转化为消费者。当然，这也是需要条件的——需要抖音、快手等短视频平台进行营销宣传，具体分析如图8-23所示。

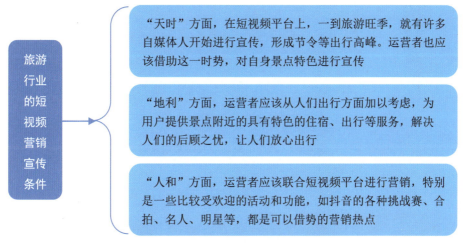

图 8-23　旅游行业的短视频营销宣传条件

除了图8-23中所介绍的3大条件外，运营者还可以联合线下的其他相关领域进行营销宣传，以达到共赢的目的。特别是美食，对于热衷于吃的旅游爱好者来说，更是推动其把旅行念头付诸实践的利器。上面提及的西安的"摔碗酒"就是利用景点的餐饮来带火一个景点，进而带火一座城市的典型案例。

8.4.5 汽车行业：发挥人群高度匹配优势

大家都知道，30岁以下的年轻人成为抖音平台新视频时代的消费主力，而这是与汽车行业的潜在购车人群高度匹配的。因此，利用抖音短视频平台进行营销，可起到事半功倍的效果。

在短视频营销中，运营者也应该掌握一定的技巧，这样才能让汽车行业的短视频营销效果更显著。具体说来，应该从3个方面加以注意，具体内容如图8-24所示。

当然，在汽车行业的短视频营销中，除了图8-24中提及的几个关键点外，还应该着重在内容的价值打造方面下功夫。一般而言，运营者可以从以下3个方面入手提升企业产品的运营价值，如图8-25所示。

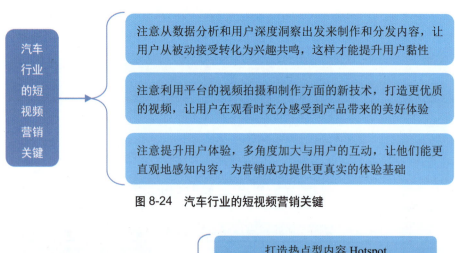

图8-24 汽车行业的短视频营销关键

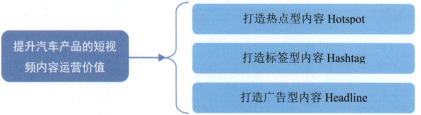

图8-25 提升汽车产品的短视频内容运营价值

第 9 章

变现攻略：广告化短视频内容轻松盈利

学前提示

对运营者来说，当其手中拥有优质的短视频后又该如何进行变现和盈利呢？有哪些方式是可以借鉴和使用的呢？

本章将从广告化内容出发，介绍15种短视频变现秘诀，帮助大家通过短视频轻松盈利。

要点展示

▶ 5 类广告，实现高效、快速变现目标
▶ 两大内容，让知识付费变现成为可能
▶ 6 种策略，大咖模式轻松获取利润
▶ 两种类型，平台与店铺达成合作变现

9.1 5类广告，实现高效、快速变现目标

广告变现是短视频盈利的常用方法，也是比较高效的一种变现模式，而且短视频中的广告形式可以分为很多种，比如冠名商广告、浮窗 Logo、广告植入、贴片广告以及品牌广告等。本节将从广告这一常见形式来分析如何通过短视频进行变现。

9.1.1 品牌广告——量身定做快速变现

品牌广告的意思就是以品牌为中心，为品牌和企业量身定做的专属广告。这种广告形式从品牌自身出发，完全是为了表达企业的品牌文化、理念而服务，致力于打造更为自然、生动的广告内容。这样的广告变现更为高效，因此其制作费用相对而言也比较昂贵。

图 9-1 所示为抖音达人围绕果果家女装（GGWOMEN）品牌打造的一则视频广告。

图 9-1 果果家女装打造的品牌广告

在短视频中，通过不同的场景展示了多款闺蜜装，然后通过参与话题活动"#闺蜜""#穿搭""#陪你过冬天"，整个视频广告都围绕"闺蜜"展开，自带话题性和用户归属感，成功吸引用户眼球。同时在视频展示一段时间后，适时植入了引导用户购买的更清晰的链接，短时间内就吸引了 150 多万用户去查看。

由此可见，品牌广告的变现能力是相当高效的，与其他形式的广告方式相比针对性更强，受众的指向性也更加明确。

9.1.2 植入广告——创意式变现效果更好

在短视频中植入广告，即把短视频内容与广告结合起来，一般有两种形式：一种是硬性植入，不加任何修饰地硬生生地植入视频；另一种是创意植入，即将短视频的内容、情节很好地与广告的理念融合在一起，不露痕迹，让观众不易察觉。相比较而言，很多人认为创意植入的方式效果更好，而且接受程度更高。

在短视频领域中，广告植入的方式除了可以从"硬"广和"软"广的角度划分外，还可以分为台词植入、剧情植入、场景植入、道具植入、奖品植入以及音效植入等方式，具体介绍如图9-2所示。

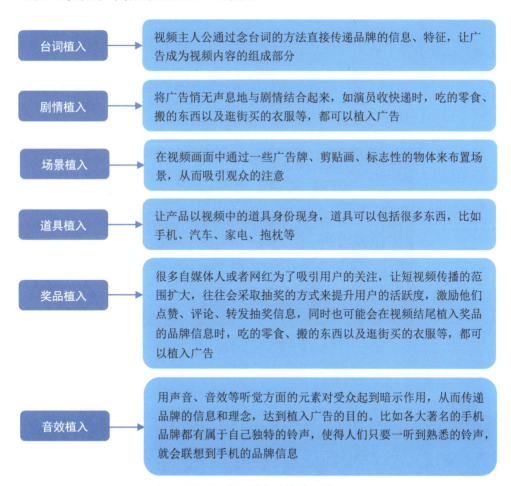

图 9-2 视频植入广告的方式

9.1.3 冠名商广告——借助影响力变现

冠名商广告，顾名思义，就是在节目内容中提到名称的广告，这种打广告的方式比较直接，相对而言较生硬，主要的表现形式有 3 种，如图 9-3 所示。

在短视频中，冠名商广告同样也比较活跃，一方面企业可以通过资深的自媒体人（网红）发布的短视频打响品牌、树立形象，吸引更多忠实客户；另一方面短视频平台和自媒体人（网红）可以从广告商处得到赞助，双方成功实现变现。图 9-4 所示为美拍短视频平台的红人"大胃王朵一"发布的关于"金宏兴"的短视频，画面中展示了金宏兴的品牌标识。

```
                        ┌─ 片头标板：节目开始前出现"本节目由××冠名播出"
冠名商广告 ──表现──┼─ 主持人口播：每次节目开始时说"欢迎大家来到××"
                        └─ 片尾字幕鸣谢：出现企业名称、Logo、"特别鸣谢××"
```

图 9-3　冠名商广告的主要表现形式

图 9-4　大胃王朵一短视频的冠名商广告

> **专家提醒**
>
> 需要注意的是，冠名商广告在短视频领域的应用还不是很广泛，原因有两点，一是投入资金比例大，因此在选择投放平台和节目的时候会比较慎重；二是很多有人气、有影响力的短视频自媒体人不愿意将冠名商广告放在片头，而是放在片尾，目的是为了不影响自己视频的品牌。

9.1.4 浮窗LOGO——变现优缺点兼具

浮窗LOGO也是广告变现形式的一种，即悬挂在视频画面角落里的标识。这种形式在电视节目中经常可以见到，但在短视频领域应用得比较少，可能是因为广告性质过于强烈，受到相关政策的限制。

以开设在爱奇艺视频平台的旅行短片栏目《大旅行家的故事》为例，由于其短视频主人公查理是星途游轮代言人，因此视频节目的右下角也设置了浮窗LOGO，如图9-5所示。文字和图标的双重结合，不影响整体视觉效果。

图9-5 《大旅行家的故事》的浮窗LOGO

浮窗LOGO是广告变现的一种巧妙形式，但同样它也是兼具优缺点的，那么具体来说，它的优点和缺点分别是什么呢？笔者将其总结为如图9-6所示。

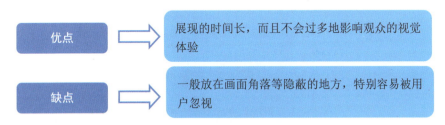

图9-6 浮窗LOGO的优点和缺点

专家提醒

浮窗LOGO具有两面性，但总的来说，不失为一种有效的变现方式。自媒体人或者网红如果想通过广告变现获得收益，不妨可以试试这一利弊兼具的模式。

9.1.5 贴片广告——优势明显的变现方式

贴片广告是通过展示品牌本身来吸引大众注意的一种比较直观的广告变现方式，一般出现在片头或者片尾。图 9-7 所示为贴片广告的典型案例，品牌的 LOGO 一目了然。

图 9-7　贴片广告

贴片广告比其他广告形式更容易受到广告主青睐，因为其具有如图 9-8 所示的优势。

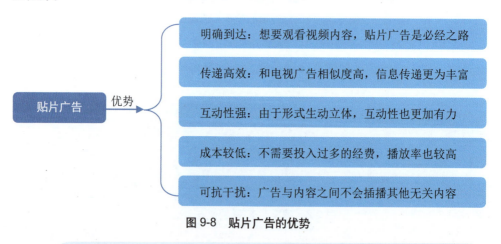

图 9-8　贴片广告的优势

> **专家提醒**
>
> 贴片广告的变现方式比较靠谱，从它的几大优势就可以看出，很多视频平台都已经广泛采用了这种广告变现模式，并获得了比较可观的收益。短视频的贴片广告也逐渐成为广告变现的常用模式。

9.2 两大内容，让知识付费变现成为可能

知识付费是近年来内容创业者比较关注的话题，同时也是短视频变现的一种新思路。怎么让知识付费更加令人信服？如何让拥有较高水平的短视频成功变现、持续吸粉？两者结合是一种新的突破，既可以让知识的价值得到体现，又可以使短视频成功变现。

从内容上来看，付费的变现形式又可以分为两种不同的类型，一种是细分专业咨询费用，比如摄影、运营的技巧和方法，另一种是教学课程收费。本节将专门介绍这两种不同内容形式的变现模式。

9.2.1 知识付费1：针对性强的细分专业咨询

知识付费的发展越发火热，是因为它符合了移动化生产和消费的大趋势，尤其是自媒体领域，知识付费呈现出一片欣欣向荣的景象。付费平台也层出不穷，比如在行、知乎、得到以及喜马拉雅FM等。那么，值得思考的是，知识付费到底有哪些优势呢？为何这么多用户热衷用金钱购买知识呢？笔者将其总结为如图9-9所示的几点。

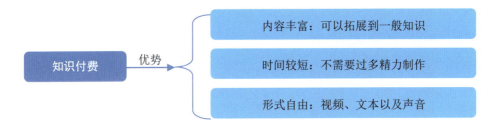

图9-9 知识付费的优势

细分专业的咨询是知识付费比较垂直的领域，针对性较强，国内推出了知识付费的问答平台。图9-10所示为"问视"的首页。点击 ⌄ 扩展图标即可看到更多类型的回答，如图9-11所示。

而"回答"页面则主要分为"单问"和"多答"两个板块，如图9-12所示。问视的盈利主要是通过回答问题来完成的。图9-13所示的"个人中心"页面就有"累计收入"信息。

由于短视频本身时长较短，因此在内容的表达上也会有所限制，进而造成付费难的情况。细分专业的咨询或许会比较容易，但还有很多类型的知识付费有待探索和发现。

图 9-10　问视的首页

图 9-11　问视的问题分类

图 9-12　问视的"问答"页面

图 9-13　问视的个人中心

9.2.2　知识付费 2：更加专业的在线课程教授

　　知识付费的变现形式还包括教学课程的收费，一是因为线上授课已经有了成功的经验，二是因为教学课程的内容更加专业，具有精准的指向和较强的知识属性。很多平台已经形成了较为成熟的视频付费模式，比如沪江网校、网易云课堂、腾讯课堂等。

　　再比如以直播、视频课程为主要业务的千聊平台，其很多内容都是付费的，如图9-14所示。而且为了吸引用户观看，平台还会开展诸多活动，比如打折、优惠等。

短视频的时间短，这对于观众接受信息而言是一大优势，但从内容的表达角度来看却是一大劣势，因为时间限制了内容的展示，让付费难以成功实施。如果短视频创作者想要通过知识付费的方式变现，就需要打开脑洞、寻求合作，比如哔哩哔哩平台上的up主"薛定饿了么"投放的短视频内容风格就别具一格，主要内容为一系列科普知识，表达方式符合年轻一代的认知思维，如图9-15所示。

图9-14　千聊的付费课程页面

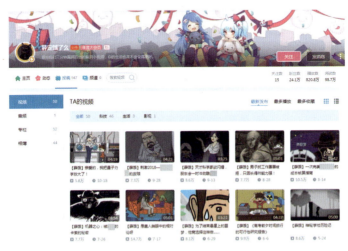

图9-15　"薛定饿了么"在哔哩哔哩平台上的投稿展示

9.3　6种策略，大咖模式轻松获取利润

除经典的广告变现和知识付费等短视频变现模式外，还有很多其他的IP打造和大咖式变现。这些变现模式有的是从短视频的经典变现模式中衍生出来的，有的则是根据短视频的属性发展起来的。本节将对这些模式进行具体介绍。

9.3.1　企业融资——变现收益大、速度快

短视频在近几年经历了较为迅速的发展，同时各种自媒体的火热也引发了不少投资者的注意，相信不少人都知道papi酱的名号，她拥有多重身份，比如在内容创作中自称的"一个集美貌与才华于一身的女子"，又比如中戏导演系的研究生，再比如拿下1200万元投资，一跃成为网红界大咖。图9-16所示为papi酱的微博主页，粉丝数已经突破了3000万，可见人气之高，影响力自然也不在话下。

图9-16　papi酱的微博主页

融资就由papi酱这一热点带入了广大网友的视野，作为自媒体的前辈"罗辑思维"也为papi酱投入了一笔资金，联合徐小平共同投资1200万元。papi酱奇迹般地从一个论文还没写完的研究生转变为身价上亿的短视频创作者，而这一切，仅仅用了不到半年的时间。

融资的变现模式对创作者的要求很高，因此可以适用的对象比较少，而且papi酱也是目前短视频行业的个例。但无论如何，融资也可以称得上是一种收益大、速度快的变现方式，只是发生的概率比较小。

除了对个人的融资之外，如今的短视频领域还出现了对已经形成一定规模的自媒体平台的投资，比如"泽休文化"就成功获得由美图领投，聚桌资本跟投的千万元级A轮融资。"泽休文化"旗下开设了三个栏目，分别是"厨娘物语""白眼初体验""我们养猫吧"。

其中"厨娘物语"是极具特色的一档节目，其用户定位比较明确，即满怀少女心的群体，而且运营方面也采用了IP化与品牌化的逻辑思维。

"厨娘物语"不仅通过自身精准的用户定位和鲜明的少女风格吸引了美图的融资，成功达到了短视频变现的目的，而且它还积极与用户展开互动，比如内容、评论的互动，出书与粉丝进行深入交流等。这些互动一方面可以增强粉丝的黏性，提升粉丝的信任度，另一方面可以从侧面实现短视频的变现。

9.3.2 直播得礼物——基于信任感和依赖感

随着变现方式的不断拓展深化，很多短视频平台不仅向用户提供了展示短视频的功能，而且还开启了直播功能，为拥有较高人气的IP提供变现的平台，粉丝可以在直播中通过送礼物的方式与主播互动。下面以著名的短视频平台快手为例，看看它是如何通过标签化的IP成功变现的。

在"快手"APP的某直播间页面，点击右下方的"礼物"图标，如图9-17所示，进入"礼物"页面，选择具体的礼物，点击"发送"按钮，如图9-18所示。在余额充足的情况下，即可完成送礼物的操作。而主播通过收到的礼物获取相应的利润，实现变现。

图9-17　直播的主页

图9-18　发送礼物

专家提醒

短视频平台开启直播入口是为了让已经形成自己风格的 IP 或大咖能够高效变现。这也算是一种对短视频变现模式的补充，因为用户对具有重要影响力的短视频达人已经形成了高度的信任感和依赖感，因此也会更愿意送礼物给他们，如此一来变现也就更加简单。

9.3.3 MCN 运营——保障专业内容稳定变现

MCN 是 Multi-Channel Network 的缩写，MCN 模式来自于国外成熟的网红运作，是一种多频道网络的产品形态，基于资本的大力支持，生产专业化的内容，以保障变现的稳定性。随着短视频的不断发展，用户对短视频内容的审美标准也有所提升，因此也要求短视频团队不断增强创作的专业性。

MCN 模式在短视频领域逐渐成为一种标签化 IP，单纯的个人创作很难形成有力的竞争优势。因此加入 MCN 机构是提升短视频内容质量的不二选择。一是可以提供丰富的资源，二是能够帮助创作者完成一系列的相关工作，比如管理创作的内容、实现内容的变现、个人品牌的打造等。有了 MCN 机构，创作者就可以更加专注于内容的精打细磨，而不必分心于内容的运营、变现。

专家提醒

一般而言，一个短视频是否能够在人群中传播开来，主要取决于内容质量和运营模式。如果短视频创作者只是打造出了质量上乘的内容，却没有好的渠道和资源支持内容的输出，就很难形成大范围的传播，达到理想的营销效果。

因为短视频行业正处于发展的阶段，因此 MCN 机构的成长和改变也不可避免，而大部分短视频平台的头部内容基本上也是由如图 9-19 所示的几大 MCN 机构助力生产的。

目前短视频创作者与 MCN 机构都是以签约模式展开合作的，MCN 机构的发展不是很平衡，部分阻碍了网络红人的发展，它在未来的发展趋势主要分为两种，具体如图 9-20 所示。

MCN 模式的机构化运营对于短视频的变现是十分有利的，但同时也要注意 MCN 机构的发展趋势，如果不紧跟潮流，就很有可能无法掌握其有利因素，从而难以实现理想的变现效果。单一的 IP 可能会受到某些因素的限制，但把多个 IP 聚集在一起就容易产生群聚效应，进而提升变现的效率。

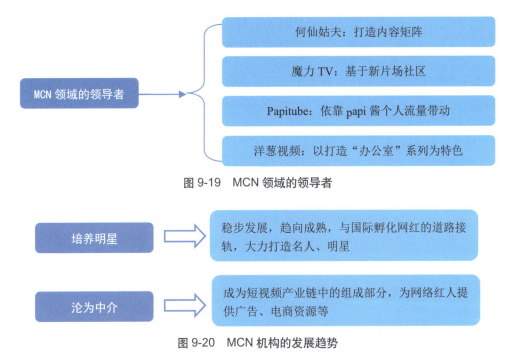

图 9-19　MCN 领域的领导者

图 9-20　MCN 机构的发展趋势

9.3.4　版权收入——解决搬运短视频质量问题

在刷微博或者浏览短视频平台上的内容时，不难发现各大新媒体平台活跃着很多短视频搬运工，虽然视频版权问题越来越受到重视，但是短视频搬运工还是有很多。图 9-21 所示为微博上的短视频内容，从页面右上角的几重水印可以明显看出，这是经过几次搬运再发布的短视频。

图 9-21　搬运的短视频

实际上，如果帮助短视频搬运工剪辑修改短视频，可能会获得更多的视频播放量，因为这样会有效提升搬运的短视频的质量，实现短视频的完美变现。不过值得注意的是，剪辑短视频并不容易，不是任何团队都能轻而易举完成的，但是如果剪辑出色的话，播放量可能会比原创短视频的播放量还高。

由此，短视频变现完全可以从版权收入的角度切入，内容创作者可以组建一个专业的短视频剪辑团队，致力于帮助短视频搬运工妥善解决版权问题，进而获得收益。

专家提醒

短视频还可以孵化出火热IP，比如很多网红通过短视频获得知名度之后，再进行出书、参加商演等活动，进而实现变现。这可以算得上是短视频变现的衍生模式，同时也借助了IP的人气和力量。

9.3.5 平台补贴——诱惑力十足的变现模式

对于短视频的创作者，资金是吸引他们的最好手段。作为魅力无限的短视频变现模式，平台补贴自然得到不少内容生产者的关注。

自从2016年4月各大互联网巨头进军短视频领域以来，各大平台便陆续推出了各种补贴策略。图9-22所示为一些推出短视频补贴策略的平台。

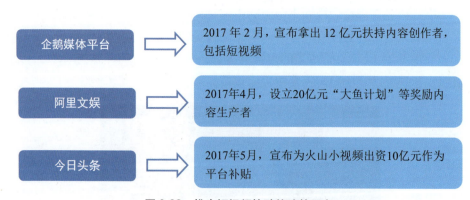

图9-22 推出短视频补贴策略的平台

平台补贴既是平台吸引内容生产者的一种手段，同时也是内容生产者盈利的有效渠道，具体的关联如图9-23所示。

| 平台 | → | 通过比较诱人的平台补贴吸引内容生产者在平台上生产内容，从而吸引用户 |

| 创作者 | → | 可以把自己生产的优质内容当作网络的中心并发布出去，而各平台则是辐射出去的节点 |

图 9-23　平台补贴对于平台和创作者的意义

专家提醒

像大鱼号、头条号等短视频平台的补贴主要分为两种形式，一是根据内容生产者贡献的流量，按照每月结算的形式直接发放现金；二是提供站内流量的金额，内容生产者可以借此推广自己的内容，用巧妙的途径发放费用。

在平台补贴策略的保护之下，部分短视频创作者能够满足变现的基本需求。如果内容足够优质，而且细分得比较到位，那么变现的效果可能会更显著，获取的补贴会更多。

以"小伶玩具"为例，一开始它的定位就很明确，即"演示全世界不同类型玩具的玩法"，属于垂直细分的短视频类型。在"抖音短视频"APP 上，截至 2018 年 10 月，其已经获得 500 多万的粉丝关注和 2800 多万的点赞量。图 9-24 所示为小伶玩具的画面截图。

图 9-24　小伶玩具的画面截图

小伶玩具的主要创作人员表示，他们的变现主要是依靠平台补贴和流量分成，也就是说大部分的盈利都来自于这两个渠道。

那么，在借助平台补贴进行变现时，内容创作者应该注意哪些问题呢？笔者认为有两点，一是不能把平台补贴作为主要的赚钱手段，因为它本质上只是基本的保障；二是跟上平台补贴的脚步，因为每个平台的补贴都是变化的，因此顺时而动是最好的。

9.3.6 平台分成——合理运用，不能一味依赖

参与平台任务获取流量分成，是短视频较为常用的变现模式之一。平台分成包括很多种，导流到淘宝或者京东的卖掉的产品的佣金也可以进行分成。它是很多视频网站、短视频平台都适用的变现模式，也是比较传统的。以自媒体渠道今日头条为例，它的收益方式就少不了平台分成。

但是，在头条渠道并不是一开始就能够获得平台分成，广告收益是其前期主要盈利手段，平台分成要等到账号慢慢成长壮大才有资格获得。而且如果想要获得平台分成之外的收益，比如粉丝打赏，则需要成功摘取"原创"内容的标签，否则无法获取额外的收益。

再比如暴风短视频平台的分成模式，相对于今日头条而言简单得多，而且要求也没有那么多，具体规则如图9-25所示。

分成规则　　　　　　　　　　　　　　　　　　　　　　　查看详细>>

分成方法：收益=单价*视频个数+播放量分成

上传规则：每日上传视频上限为100个（日后根据运营情况可能做调整，另行通知）

分成价格：单价=0.1元/1个（审核通过并发布成功），播放量分成:1000个有效播放量=1元（2013年12月26日-2014年1月26日年终活动期间1000个有效播放量=2元）

分成说明：单价收益只计算当月发布成功的视频；所有有效的历史视频产生的新的播放量都会给用户带来新的播放量分成

分成发放最低额度：100元

分成周期：1个自然月，每月5日0点前需申请提现，20日前结算，未提现的用户视为本月不提现，暴风影音不予以打款，收益自动累积到下月。

图 9-25　暴风短视频的分成规则

暴风短视频的盈利过程很方便，四步即可轻松搞定，具体如图9-26所示。

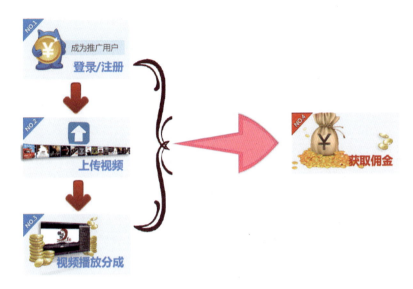

图 9-26 暴风短视频的平台流程

专家提醒

值得注意的是，平台分成实际上远远无法囊括创作短视频的成本，并且平台和内容创作者是相辅相成、互相帮助的，只有相互扶持才能盈利更多。这种变现模式要合理运用，不能一味依赖，当然，也可以适当经营那些补贴丰厚的渠道。

9.4 两种类型，平台与店铺达成合作变现

"电商＋短视频"属于细分垂直内容，同时也是短视频变现的有效模式，不仅有很多短视频平台与电商达成合作，为电商引流（如美拍），而且还有从短视频平台拓展电商业务的"一条"，这些都是"短视频＋电商"的成果。

那么，这样的变现模式到底是怎么运作的呢？本节将专门从"短视频＋电商"的角度，详细介绍短视频的这一垂直细分的变现秘诀。

9.4.1 自营电商——获取较多人气和支持

电商与短视频的结合有利于吸引庞大的流量，一方面短视频适合碎片化的信息接收方式，另一方面短视频展示商品更加直观动感，更有说服力。如果短视频

内容能与商品很好地融合，无论是商品卖家，还是自媒体人，都能获得较多的人气和支持。

著名的自媒体平台"一条"是从短视频发家的，后来走上了"电商＋短视频"的变现道路，盈利颇丰。图9-27所示为"一条"微信公众号推送的内容——不仅有短视频，而且还有关于自营商品的巧妙推荐。

图9-27 "一条"微信公众号推送的内容

专家提醒

"一条"推送的短视频一般都是把内容与品牌信息结合在一起，是软性的广告植入，不会太生硬，而且能够有效地传递品牌理念，增强用户的信任感和依赖感，这也是短视频变现的一种有效方式。

"一条"不仅把商品信息嵌入到短视频内容之中，而且还设置了"生活馆"和"一条好物"两大板块，专门售卖自己经营的商品。图9-28所示为"一条"自营商品入口及"一条生活馆"页面。

除了在微信公众平台推送自营商品的信息之外，"一条"还专门开发了以"生活美学"为主题的APP，如图9-29所示。

图 9-28 "一条"自营商品入口及"一条生活馆"页面

图 9-29 "一条"电商 APP

再比如京东商城，中国最大的自营式企业，其在线购物 APP 也推出了短视频的内容，如图 9-30 所示。在"发现"页面有一个"视频"专栏，通常推送时长为五分钟以内的短视频内容，而且都是围绕京东的自营商品打造的。

这种形式为京东商城增添了更多魅力和特色，用户可以通过更为直观的方式接触自己想要购买的商品，从而产生购买的欲望，大大促进了短视频的变现。

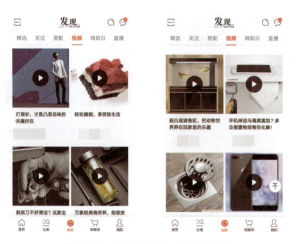

图 9-30　京东的自营商品短视频

9.4.2　第三方店铺——通过销量上涨变现

短视频的电商变现形式除了自营电商可以使用外，第三方店铺也是适用的，比如典型的淘宝卖家，很多都是通过发布短视频的形式来赢得用户的关注和信任，从而促进销量的上涨。淘宝上的短视频展示有几种不同的形式，分别利用其优势吸引眼球，成功变现。

首先来看第一种，即在店铺首页放置短视频。图 9-31 所示为某淘宝店铺首页的短视频展示。在播放短视频的过程中，会不时地跳出商品的链接，感兴趣的话可以直接点击进入购买页面。另外，商品链接会随着视频的进度而不断变化，如图 9-32 所示。这是与短视频的内容相辅相成的，形成"边看边买"的营销模式。

图 9-31　某淘宝店铺首页短视频展示　　图 9-32　商品链接随着视频的进度而不断变化

第二种是在淘宝的微淘动态里用短视频的方式展示商品，比如上新、打折、做活动等。图 9-33 所示为"馨馨帮 sinsinboun"店铺发布的微淘动态。用户不仅可以直接观看商品的细节，而且还可以点击"查看更多"按钮进入相应页面，在下方进行点赞、评论以及分享，扩大店铺影响力。

图 9-33　微淘动态里的短视频展示

此外，用户还可以通过微淘动态的短视频直接观看商品展示，然后点击短视频页面的"查看详情"按钮，进入商品的详情页面，查看商品的具体信息，比如颜色、尺码，以及更多细节。

第三种是在淘宝主页的"有好货"板块推荐短视频，如图 9-34 所示。点击进入相应页面可通过视频直观地观察和了解商品，同时可点击"去购买"按钮进入商品页面进行购买。

图 9-34　"有好货"短视频展示

专家提醒

第三方店铺的"短视频+电商"变现方式就是利用了短视频直观化这一特点,尤其是美妆、服饰类的商品,更适合用短视频的方式展示,有利于变现和盈利。短视频平台为了变现,也与电商进行合作,如美拍推出的"边看边买"就是为淘宝引流,互利共赢。

第 10 章

平台变现：有效流量让短视频快速变现

学前提示

随着短视频和新媒体的迅速发展，互联网行业的平台盈利模式也是层出不穷。在打造完短视频后，可能还是会有所疑问，到底如何能够成功变现，获取盈利呢？除了15种变现模式，是不是还可以从其他类型的平台盈利模式中获取新的点子呢？

要点展示

▶ 短视频APP，粉丝与流量是关键点
▶ 在线视频，上传内容更广、收益更多
▶ 资讯APP，平台分成成为主流方式

10.1 短视频APP，粉丝与流量是关键点

随着移动互联网和移动设备的不断发展，移动端的短视频也愈发火热，各种短视频APP层出不穷，如快手、抖音、火山小视频和美拍等。那么，这些移动端的短视频平台又是怎么盈利的呢？它们的分成收益又是如何计算的呢？

本节从移动短视频中选出几个较为典型的案例，进行收益解析，为短视频创作者提供相关参考。

10.1.1 快手：粉丝打赏是主要收益方式

快手是一款比较接地气的APP，同时也是普通老百姓娱乐的绝佳平台，它的收益方式主要是以直播的粉丝打赏为主。对于主播而言，只要有足够的粉丝支持，内容质量高，就能够获取较为可观的收益。图10-1所示为快手的直播界面，发送礼物就是收益的体现。

图10-2所示为快币的充值页面。如果粉丝想要给自己喜欢的主播送礼物，就需要充值快币，而快币又是与现实中的货币挂钩的，故礼物赠送越多，主播获取的收益也会更多。

 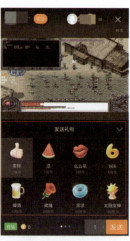 

图10-1 快手直播页面发送礼物的收益方式　　图10-2 "充值快币"页面

专家提醒

快手的直播功能可以提供给主播的收益为：扣税20%左右，五五左右分成，剩下的就是主播的实际收入。

10.1.2　抖音：优质内容获平台丰厚补贴

抖音是一款备受年轻人喜爱的音乐短视频 APP，它的收益主要来源于平台补贴。同时此平台还常常与品牌主发起相关话题挑战，吸引用户参与，以便推广品牌。图 10-3 所示为爱驰汽车与抖音联手发布的"＃与爱驰行爱你 80 秒"的话题挑战。

图 10-3　"＃与爱驰行爱你 80 秒"话题挑战

这种话题挑战实际上是需要品牌商、平台方、达人以及用户共同合作的。平台方和品牌商发起话题挑战，利用达人和活动运营炒热话题，从而吸引广大用户参与挑战。如果用户生产出优质的内容，且引起了较为广泛的传播，那么平台就会给予奖赏和补贴。

10.1.3　火山：赚取火力值让收益提升

火山小视频是一款收益分成比较清晰、进入门槛较低的短视频平台。火山小视频的定位从一开始就很准确，而且也把握了用户想要盈利的心理，打出的口号就是"会赚钱的小视频"。那么，火山小视频的主要收益究竟来自于哪里呢？

火山小视频是由今日头条孵化而成的，同时今日头条还为其提供了 10 亿元的资金补贴，以全力打造平台上的内容，聚集流量，炒热 APP。因此，火山小视频的主要收益也是来自于平台补贴。那么，用户要怎样才能获得这些补贴呢？

利用第三方账号微信、QQ、微博等登录火山小视频之后，就会来到如

图10-4所示的火山小视频个人主页，点击"火力&钻石"按钮，即可进入相应页面通过页面切换查看与火力、钻石相关的数据，如图10-5和图10-6所示。

图10-4　火山小视频个人主页　　图10-5　"火力"页面　　图10-6　"钻石"页面

> **专家提醒**
>
> 火山小视频是通过火力值来计算收益的，10火力值相当于1块钱，所以盈利是非常划算的，关键在于内容要有保障，最好垂直细分。

图10-5所示的页面还显示了火力结算的方式。而图10-6所示页面中的钻石充值则是为直播中送礼物提供的功能，这也是一种收益来源。

10.1.4　美拍：积累足够粉丝获得打赏

美拍的主要收益来自于粉丝打赏，而打赏又依赖于粉丝的积累，有了足够多的粉丝才能够进行变现，从而获得丰厚的收益。

值得注意的是，美拍可以通过内容创作融入广告，而且还有多种不同的形式，有比较直接的，也有比较富有创意的。比如各大品牌商在美拍上发起的#广告也有戏#就是直接的广告，而有的则是通过创意的内容来植入广告和商品链接，不过这也需要有足够强大的粉丝基础才能体现出效果。

图10-7所示为美拍平台上的关于雅格LED护眼小台灯的短视频。拥有庞大

粉丝量的短视频运营者发布与商品相关的推荐内容，在内容左下角放置商品的购买链接，用户只要感兴趣就可以点进去进行购买。

图 10-7　美拍的商品链接

因为美拍的收益主要来源于粉丝打赏，因此要吸引足够的粉丝。而要想吸粉，就要保证内容创作的质量，如果生硬加入商品链接，是无法获取持续而稳定的收益的。

10.2　在线视频，上传内容更广、收益更多

在线视频其实也是一个比较热门的渠道，自在线视频进入人们的视野以来，就备受大众的喜爱。此后，各式各样的在线视频平台如雨后春笋般涌现出来，不同的平台也开发了自己独有的收益方式。

如今，比较有名的在线视频平台当属腾讯视频、搜狐视频、爱奇艺视频、哔哩哔哩动画等。这些在线视频涵盖的内容范围很广，同时也是上传短视频的较好渠道。本节将以几个典型的在线视频平台为例，介绍它们的收益方式。

10.2.1　腾讯视频：3大条件获得平台分成

腾讯视频是中国领先的在线视频平台，为广大用户提供了较为丰富的内容和良好的使用体验，其内容包罗万象，如热门影视、体育赛事、新闻时事、综艺娱

乐等。那么，腾讯视频的主要收益来源是什么呢？平台分成。但是需要注意的是，要想获取平台分成，就需要满足如图 10-8 所示的几项条件。

图 10-8　获取平台分成需要满足的条件

专家提醒

　　腾讯视频平台的分成收益不是所有的内容方向都能获取——需要符合具体的内容领域，如泛娱乐类视频就能轻松获取平台分成，而生活类短视频则无法获取平台分成。

10.2.2　爱奇艺视频：提出申请获取分成

　　爱奇艺视频这款主打在线视频的平台，不仅包含很多内容资讯，而且还支持多种平台，如移动、PC 以及 MAC。关于它的收益，主要是平台分成，而具体的分成方法与其他视频平台有所不同。它是在爱奇艺视频平台发布内容之后，再通过向爱奇艺官方邮箱提出申请的方式获取分成。

10.2.3　搜狐视频：通过多个渠道赚取收益

　　搜狐视频是一个播放量较高的在线视频分享平台，提供了高清电影、电视剧、综艺节目、纪录片等内容，同时还提供了视频的存储空间和视频分享的贴心服务，可以称得上是比较人性化的在线视频平台。

　　搜狐视频的主要收益来源于几大渠道，主要分为平台分成、边看边买、赞助打赏以及分享盈利。那么，这些收益方式具体有什么要求和标准呢？

　　首先是平台分成，很多在线视频都具有这一收益模式，但搜狐视频与其他不同的地方在于它的要求十分简单，只要是原创或者是版权授予的视频都可以加入搜狐视频自媒体。

　　其次是边看边买。这一收益其实是平台的广告收益，具体而言可以分为两种情况，如图 10-9 所示。

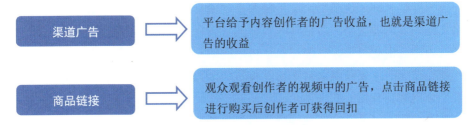

图 10-9　边看边买的收益方式

再次是赞助打赏。这也是搜狐视频平台自媒体的主要收益来源，同时也是自媒体与用户进行互动的常用方式。一般而言，只要参与平台分成的视频都可以得到用户的赞助打赏。

图 10-10 所示为"美啦"自媒体发布的视频结尾出现的打赏提示，用户如果对视频内容感兴趣，或者认为这个视频可以学到知识，那么就可以通过扫二维码的方式对视频进行打赏。

图 10-10　搜狐视频自媒体的打赏提示

最后是分享盈利。一般在线视频平台都会提供分享功能，搜狐视频也不例外。通过分享视频到站外的其他渠道，比如 QQ、微信、微博等社交媒体，吸引用户来搜狐视频站内观看影片，从而提升站内的播放量。

那么，具体是怎样计算收益的呢？每获得 1000 人次的观看量，就可以得到 50 元提成。这里的分享盈利需要满足的条件很简单，只要是搜狐视频平台内参与分成的视频，都可以通过分享的方式赚取收益。

10.2.4 哔哩哔哩：垂直内容引导粉丝打赏

哔哩哔哩又称"B站"，是年轻人喜欢聚集的潮流文化娱乐社区，同时也是网络热词的发源地之一。目前哔哩哔哩的每日视频播放量已经突破一亿，用户以年轻人为主。由此可见，哔哩哔哩是一个比较年轻态、活跃化的在线视频平台。

哔哩哔哩的主要收益来自于粉丝打赏，因为它本身的内容很垂直，吸引的粉丝大部分也都具有相似的兴趣爱好。

哔哩哔哩不仅是一个在线视频平台，也是聚集粉丝的社区。因此，粉丝资源对于平台的作用是至关重要的，对于创作者也是内容变现的重要支撑。图10-11所示为哔哩哔哩视频的打赏页面，通常是采用投币的方式进行赞助打赏。

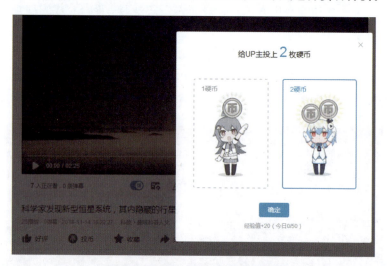

图 10-11　哔哩哔哩的视频打赏页面

10.2.5 第一视频：成功晋级才能获取收益

第一视频是中国第一家微视频新闻门户网站，同时也是一个融视频、新闻以及移动终端为一体的综合性媒体平台。此外，第一视频还具有强大的云计算、云存储、云搜索以及云关联的功能，不仅提供富有价值的新闻资讯，同时还提供平台让每位有想法的网友都能成为内容的创作者。

第一视频的视频播放界面比较简洁，而且也没有广告，大多都是短短的几分钟视频。在这种情况下，第一视频的主要收益来自于哪里呢？打赏收入。但是需要注意的是，如果想要在第一视频平台获得打赏收益，就必须成功晋级为此平台的自媒体认证会员，否则是无法获取收益的。

10.2.6 爆米花视频：上传优质内容可得利

爆米花视频是一款专注于分享视频的新媒体平台，最大的特色是"免费"，拥有海量的视频内容，内容趋向于娱乐、搞笑。

爆米花视频平台的主要收益来自于平台分成，只要用户上传优质内容至视频平台，就可以获取分成收益，门槛相对而言是比较低的。

10.3 资讯 APP，平台分成成为主流方式

了解平台的具体分成收益，对于短视频的创作者和团队而言是至关重要的，一是因为不同的平台在不同的时间段对于短视频的扶持力度是不同的，会随着时间的变化而变化，把握趋势很重要；二是了解不同的渠道有助于创作者和团队提升变现的效率。

本节将从资讯类的客户端角度出发，以今日头条、百家号、一点资讯、企鹅媒体平台、网易号媒体开放平台为例，详细介绍它们的收益来源。

10.3.1 今日头条：形式多样，快速实现变现

今日头条是一款基于用户数据行为的推荐引擎产品，同时也是内容发布和变现的平台。作为资深的自媒体渠道，今日头条的收益来源是比较典型的，同时形式也比较多。图 10-12 所示为今日头条的"收益概览"页面。

图 10-12 头条号的"收益概览"页面

总的来说，今日头条的收益方式主要有六种，具体内容如图10-13所示。

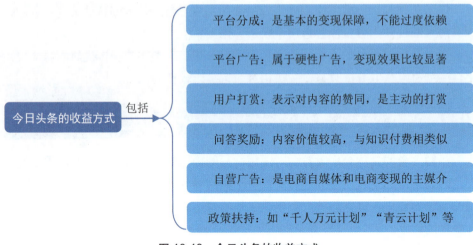

图 10-13　今日头条的收益方式

专家提醒

　　这里提到的"千人万元计划"指的是今日头条平台将在一年之内保证不低于1000个头条号创作者在每个月内至少要获得1万元的收入。显而易见，要想达成这个计划，就必须对发布的内容进行精打细磨，最好是拥有自己的创新点。

10.3.2　百家号：3大渠道，让变现更简单

　　百家号是百度公司全力打造的创作平台，内容生产者可在此平台上发布内容、通过内容变现、管理粉丝等。那么，百家号究竟是怎么获取收益的呢？总的来说，此平台的收益主要来自于三大渠道，具体如图10-14所示。

　　图10-15所示为百家号的"收益分析"页面。要想获取更多的收益，就要打造更为优质的内容，内容为王的道理适用于很多领域。

图 10-14 百家号的主要收益来源

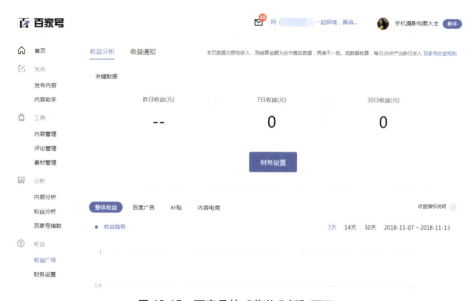

图 10-15 百家号的"收益分析"页面

10.3.3 一点资讯:"点金计划"申请获利

一点资讯是一款基于兴趣推荐的平台,主要特色为搜索与兴趣结合、个性化推荐、用户兴趣定位精准等。一点资讯平台的收益方式主要是平台分成,不过后来平台又推出了"点金计划",如图 10-16 所示。如果短视频创作者想要在此渠道获取收益,是需要向平台方提出申请的,申请通过后才能开始盈利。

图 10-16　一点资讯的"点金计划"

> **专家提醒**
>
> "点金计划"的申请要求比较严格，审核不是很容易通过，具体的条件包括内容比较垂直、综合质量高，账号在 60 天内没有违禁惩罚记录，基础数据、核心数据达到标准，比如发布文章的数据、原创内容的数据等。综合数据是随着内容质量的提升而不断上涨的，只有内容优质，才有可能通过审核。图 10-17 所示为点金计划申请的具体标准。

图 10-17　点金计划申请的具体标准

10.3.4　企鹅媒体：4 大条件，获取流量补贴

企鹅媒体平台提供的功能包括开放全网流量，提供内容生产和变现平台，打通用户之间的连接。企鹅媒体平台的收益主要来自于平台分成，比如腾讯新闻、天天快报等产生的有效流量补贴，如图 10-18 所示。

那么，是不是只要开通了企鹅号就能够获取收益呢？实际上，如果想要获得企鹅媒体平台的收益，还需要满足一些条件，这些条件不仅是申请平台流量分成的前提，同时也是账号内容优质的保障，具体要满足哪些要求呢？笔者将其总结为如图 10-19 所示。

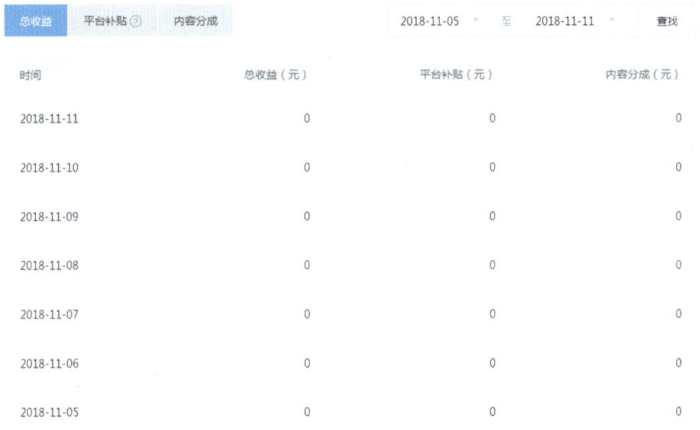

图 10-18　企鹅媒体平台的收益页面

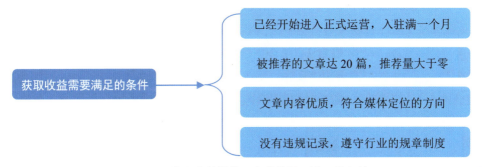

图 10-19　获取企鹅媒体平台收益需要满足的条件

10.3.5　网易号：星级提升，获得更高收益

网易号是由网易订阅发展演变而来的，它是自媒体内容的发布平台，同时也是打造品牌的帮手。它的特色在于高效分发、极力保护原创、现金补贴等。网易号的主要收益来自于平台分成，不过网易媒体开放平台的分成方法与其他平台有所区别，主要是以星级制度为准，具体方法如图 10-20 所示。

关于平台分成，网易号只要达到 1 星级及以上就能获取。在开通收益功能后，运营者应该提升账号流量和文章质量，以便获得更高收益。特别是衡量账号贡献值的三大指标——PV、分享和跟帖——是判断收益高低的依据。

另外，运营者还可以通过流量加成政策来提升收益，也就是说，可以留意并参与特定活动，打造特定主题内容，那么就可以通过获得流量加成系数来提升账号流量，从而获得更高收益。

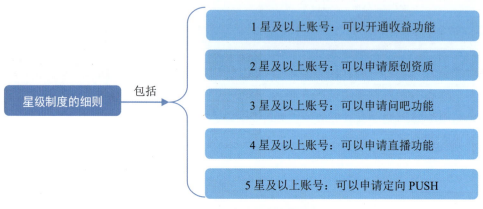

图 10-20　星级制度的细则

专家提醒

网易号的功能齐全，主要分为四大板块，即"原创""问吧""直播"以及"PUSH"。其中"问吧"指的是一个互动功能，即自媒体入驻网易号平台后，可以直接与用户进行交流沟通，而且问吧产生的内容也会推送到头条区域，以供用户观看阅读。

第 11 章

数据评估：准确判断和了解运营的效果

学前提示　运营者在进行短视频运营的过程中，要想准确判断和了解运营的效果，就需要依靠数据来进行分析。

本章就从内容评估数据和效果评估数据两个方面来进行解读，以便指导读者更加清晰而准确地感知自己的运营和营销状态，为后续工作做好准备。

要点展示

▶ 内容评估：确定未来短视频运营方向
▶ 效果评估：洞悉短视频品牌营销影响力

11.1　内容评估：确定未来短视频运营方向

运营者在进行短视频运营的过程中，内容既是运营的重心，也是用户熟悉、接受产品和品牌的重要途径。因此，运营者需要对内容进行重点关注——不仅要策划、收集、制作内容，更要对自己的运营内容进行评估，以便确定未来内容运营方向。本节以"手机摄影构图大全"为例，从推荐量、播放量、平均播放进度和跳出率、播放时长等方面来进行分析。

11.1.1　推荐量：短视频被推荐给多少用户阅读

在抖音短视频和西瓜视频平台上，推荐量都是一个非常重要的数据，能在很大程度上影响视频的播放量。当然，推荐量这一数据与文章质量紧密关联：质量好，契合平台推荐机制，那么当天发布的视频的推荐量就多；质量差，不符合平台推荐机制，那么当天发布的视频的推荐量就少。

那么，推荐量究竟是什么呢？推荐量就是平台系统得出的一个关于发布的视频会推荐给多少用户阅读的数据。这一数据并不是凭空产生的，而是系统通过诸多方面的考虑和评估而给出的，而影响推荐量的主要因素有该账号在最近一段时间内发布视频的情况、短视频内容本身的用户关注热度等。

运营者可以通过登录头条号后台或西瓜短视频助手查看推荐量。在此，笔者以头条号后台"西瓜视频"的相关数据为例进行介绍。

在头条号后台的"西瓜视频"页面，运营者可以在"内容管理"页面查看每个短视频内容的推荐量。图 11-1 所示为"手机摄影构图大全"中一个短视频的推荐量展示。

图 11-1　"手机摄影构图大全"中一个短视频的推荐量展示

11.1.2　播放量：短视频被多少用户点击观看

在平台的数据分析中，有多个与播放量相关的数据，即具体视频的播放量、昨日播放量、昨日粉丝播放量、累计播放量等。其中，关于具体视频的播放量，运营者可以在图 11-1 所示“内容管理”页面的推荐量旁查看。它表示有多少用户在该平台上观看了这个短视频内容。

而其他三项播放量，运营者可以在头条号后台的“西瓜视频”的“数据分析”页面的“昨日关键数据”区域查看，如图 11-2 所示。

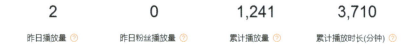

图 11-2　昨日关键数据

其中，“昨日播放量”指的是昨日有多少用户观看了该视频；“昨日粉丝播放量”指的是有多少已成为自身账号粉丝的用户在昨日观看了该视频。把每天的“昨日播放量”相加，就成了“累计播放量”。

平台每天都记录“昨日播放量”和“昨日粉丝播放量”，这样就构成了“每日创作者视频总计数据明细表”中的“播放量”和“粉丝播放量”数据，如图 11-3 所示。运营者可以查看 360 天内的数据。

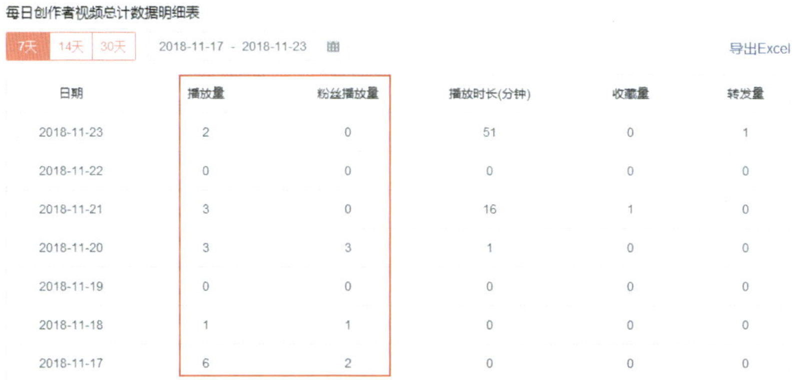

每日创作者视频总计数据明细表

7天 14天 30天　2018-11-17 - 2018-11-23　导出Excel

日期	播放量	粉丝播放量	播放时长(分钟)	收藏量	转发量
2018-11-23	2	0	51	0	1
2018-11-22	0	0	0	0	0
2018-11-21	3	0	16	1	0
2018-11-20	3	3	1	0	0
2018-11-19	0	0	0	0	0
2018-11-18	1	1	0	0	0
2018-11-17	6	2	0	0	0

图 11-3　“每日创作者视频总计数据明细表”中的“播放量”和“粉丝播放量”

11.1.3　平均播放进度和跳出率：内容是否符合预期

在头条号后台的“西瓜视频”的“数据分析”页面，运营者可以看到该页面是由 3 个大的区域组成的，即“昨日关键数据”“每日创作者视频总计数据明细表”和“每日发布视频实时统计数据明细表”。如果运营者要查看某一视频的平均播放进度和跳出率,可以在"每日发布视频实时统计数据明细表"中,选择一个视频,单击"操作"栏下方的"详细分析"按钮,进入该视频的"视频分析"页面进行查看,如图 11-4 所示。

图 11-4 查看"平均播放进度"和"跳出率"

其中,"平均播放进度"指的是所有观看用户对该视频的平均播放完成度;"跳出率"指的是所有观看用户中,播放时长小于 3s 的用户占比。在运营过程中,这两个数据的高低会影响初始推荐量外的推荐量。

如果视频的播放进度占比过低、跳出率过高,就说明更多的用户是受标题和封面的吸引而点击播放了,但是由于视频内容与预期不符甚至相差较大而感到失望,从而放弃继续观看。这样的话,很容易被认定为标题党,该结果是违背平台规则的,因此,平台也会基于这一结果而减少推荐量。

11.1.4 播放时长:帮助把握短视频内容的节奏

关于播放时长,图 11-2 ~ 图 11-4 中都有与之相关的数据,分别是"累计播放时长"、每日"播放时长"以及具体视频的"播放时长"与"平均播放时长"。

其中,前两者都是相对于平台发表的所有视频来说的,表示在该平台上用户一共花费了多长时间来观看该账号发布的所有视频、每天又具体花费了多长时间来观看该账号发布的所有视频。而这两个数据,又是建立在具体的视频内容基础之上的。只要运营者每天发布一些优质的视频内容,就不愁播放时长不长了。

具体视频的"播放时长"与"平均播放时长",是运营者需要重点分析的,它们是运营者找到用户观看视频时痛点的必备数据。且这两个数据是有关系的,即平均播放时长=播放时长/播放量。

"平均播放时长",顾名思义,是指所有观看用户平均观看该视频的时长。把"平均播放时长"和上面一小节中的"平均播放进度"放在一起进行分析,可以帮助运营者了解视频内容的吸引力,特别是内容节奏的把握,具体内容如下:

- 了解用户一般会在什么时间离开,离开时附近大概都是些什么内容。
- 了解视频内容中该时间附近让用户离开的关键内容。

11.1.5　收藏量和转发量:衡量短视频内容的价值

在头条号后台的"西瓜视频"的"数据分析"页面,"每日创作者视频总计数据明细表"和"每日发布视频实时统计数据明细表"中,除了"播放量"和"播放时长(分钟)"外,二者共有的数据还有"收藏量"和"转发量"。可见,在对视频内容进行评估时,"收藏量"和"转发量"都是关键数据,它们都是用来衡量短视频内容价值的。

1. 收藏量

收藏量,表示的是有多少用户在观看视频之后,将视频内容进行收藏,以备后续观看。这一数据代表用户对内容价值的肯定。

试问,如果用户觉得视频内容没有价值,那他还会耗费终端有限的内存来收藏吗?答案当然是否定的。可见,只有视频内容对用户来说有价值,他们才会毫不犹豫地选择收藏。

对运营者来说,要想提高收藏量,首先就要提升视频内容的推荐量和播放量,并确保短视频内容有实用价值。只有高的推荐量和播放量,才能在大的用户基数上实现收藏量大的提升;只有视频内容有实用价值,如能提升用户自身技能、能提高生活质量等,才能让用户愿意收藏。

2. 转发量

与收藏量一样,转发量也可以用来衡量视频内容的价值。它表示的是有多少用户在观看了视频之后,觉得它值得分享给别人。一般来说,用户把观看过的短视频转发给别人,主要基于两种心理,具体分析如图11-5所示。

图 11-5　用户转发观看过的短视频的心理动机

转发量虽然和收藏量一样可以用来衡量短视频内容的价值，但还是存在差异的——它更多的是基于内容价值的普适性而产生转发行为。从这一点出发，运营者要想提高转发量这一内容评估数据量，就应该从 3 个方面着手打造短视频内容，提升内容价值，如图 11-6 所示。

图 11-6　提升转发量的短视频内容打造

11.1.6　点赞量：短视频被多少用户喜欢和认可

在抖音平台上，点赞数可以说是评估短视频内容最重要的数据。对用户来说，只要内容中存在他认可的点，就会发生点赞行为：用户会因为短视频中所包含的正能量而点赞，也会因为其所表现的某种情怀而点赞，还会因为播主某方面出色的技能而点赞，更有可能因为短视频中漂亮的小哥哥小姐姐而点赞……

在"抖音短视频"APP 中，用户可以查看的点赞数有两个，即抖音号的点赞数和具体短视频的点赞数。其中，对于抖音号的点赞数，运营者可以在抖音号主页查看，如图 11-7 所示。而具体短视频的点赞数，会显示在短视频的播放页面，如图 11-8 所示。

无论是抖音号的点赞数还是具体短视频的点赞数，不同的账号、不同的内容，点赞数的差别很大，可以上达数百万、数千万，少的甚至有可能为 0。

对于抖音号的点赞数而言，当然是越多越好，说明该抖音号的短视频内容更受用户喜欢和认可。但是在评估抖音号的运营内容时，还需要把总的点赞数和具体内容的点赞数结合起来衡量。

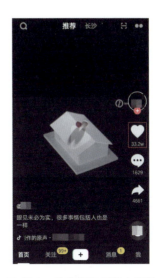

图 11-7　抖音号点赞数　　　　　图 11-8　具体短视频的点赞数

原因就在于可能某一抖音号的点赞数完全是由某一个或两个短视频撑起来的，其他短视频内容的点赞数平平。此时运营者就需要仔细分析点赞数高的那些短视频内容到底有哪些方面是值得借鉴的，并按照所获得的经验一步步学习、完善，力求持续打造优质短视频内容，提升抖音号整体的运营内容价值。

11.1.7　互动量：短视频被多少用户评论过

在头条号后台的"西瓜视频"的"视频数据"页面，"每日发布视频实时统计数据明细表"中的"评论数"就相当于"互动量"，这一数据除了显示在此外，还会在具体视频的"视频分析"页面中的"文章详情"柱形图中显示出来，把鼠标指针移至"互动量"区域上方，会显示具体数据，如图 11-9 所示。

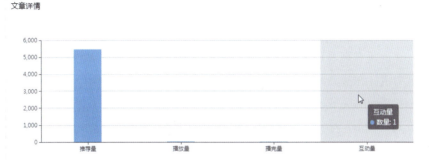

图 11-9　"视频分析"页面的"文章详情"柱形图的"互动量"显示

用户对视频进行评论时,并不是全写好的方面,也有批评和吐槽的内容。因此,如果运营者想了解更多的互动信息,可以查看视频的具体评论,以便对内容进行更详细的评估。

运营者可以在"西瓜视频"模块下的"评论管理"页面查看"最新评论"和"视频评论"。其中,"最新评论"显示的是最近的评论;而"视频评论"可以显示所有发表的视频内容的相关评论。因此,运营者可以在"视频评论"页面,选择具体的视频,然后查看其评论内容。图 11-10 所示为"手机摄影构图大全"头条号发表的一则视频的评论内容。

图 11-10　"手机摄影构图大全"头条号发表的一则视频的评论内容

11.1.8　播放完成度:80% 以上占比越多越好

"播放完成度"与"平均播放进度"联系紧密,前面已经说过,"平均播放进度"就是所有观看用户对该视频的平均播放完成度,它是各个区间的播放完成度的平均值。在头条号后台的具体视频的"视频分析"页面中,有一个统计某一视频的各区间的完成度占比饼图。

图 11-11 所示为"手机摄影构图大全"头条号发表的一则视频的播放完成度分析饼图。把鼠标指针移至某一色块上,就会显示该色块所代表的完成度区间的用户数和占比。

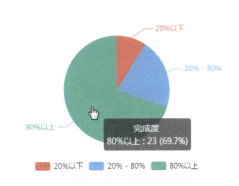

图 11-11 "手机摄影构图大全"头条号发表的一则视频的播放完成度分析饼图

在播放完成度分析饼图中,完成度越高的区间所占的色块面积越大,在整个饼图中占比越多,就表示该视频内容还是符合用户预期的,是值得一看的。

就如图 11-11 所示的视频内容的播放完成度,完成度达 80% 以上的用户最多,完成度在 20% 以下的用户最少,表示受标题和封面图片吸引而点击播放该视频的用户,大多数都观看了视频内容或者直到视频接近末尾时才选择退出。

11.2 效果评估:洞悉短视频品牌营销影响力

在进行短视频运营的过程中,除了要注意内容方面的评估外,还应该注意因为内容而引起的营销效果方面的评估。这也是对短视频营销的目的是否实现的评估。本节将从显示后访问量、品牌熟悉程度、品牌喜好程度、购买意愿和品牌联想度等方面进行分析。

11.2.1 显示后访问量:有意愿了解品牌更多信息

所谓"显示后访问量",就是在观看视频的过程中或观看完后,对视频中显示出来的企业、品牌和产品等进行搜索和访问的用户数量。显示后访问量越多,也就表示短视频营销效果越好。

专家提醒

这里所说的"观看完后",其所产生的影响是有时间限制的,指的是观看视频后促使用户访问的有效时间,而不是指观看完短视频后的所有时间。

相较于前面提及的点赞量、收藏量和转发量等对视频本身做出反应的数据，显示后访问量更多的是传达优质短视频对用户的行动所产生的后续影响。例如，人们在观看抖音达人视频时，看到达人穿的一件衣服很好看，自己也想了解和购买，就有可能去相关网站进行搜索和查看，了解该衣服品牌和产品。

显示后访问量对于着力于提升品牌知名度和形象以及促进营销目标实现的企业来说，是一个必不可少的衡量短视频运营效果的数据。特别是一些只在短视频内容中展现主要亮点和重点优势的品牌和产品，用户如果想要购买和消费，必然会去了解更多详细信息，此时去访问相关网站成了必要的选择。

例如，若用户看到某一个短视频中景点的景色很美，就会想要了解该景点的其他一些情况，如景点特色、历史和传说、门票费用，以及景区周边的住宿条件和费用、交通路线等，此时就会通过访问网站去了解。图 11-12 所示为关于恭王府福字碑的抖音短视频案例。感兴趣的并有意愿去游览的用户，自然会去查阅与恭王府和福字碑相关的信息，如图 11-13 所示。

图 11-12　恭王府福字碑抖音短视频　　　　图 11-13　进入网站查找相关信息

11.2.2　品牌熟悉程度：更全面地了解品牌及产品

观看短视频及其后访问网站都是用户熟悉品牌和产品的过程。当然，对于运营者来说，无论是观看短视频还是其后访问网站，可能都是针对某一具体产品来说，无法形成对品牌的全部认知。

比如用户看到某一汽车品牌的某一款产品的介绍，并在相关网站查看该款产品的具体数据信息，那么这种认知相对于整个品牌来说也是片面的。运营者需要在短视频和网站信息中打造一个能吸引用户的卖点，引导用户了解该品牌的其他产品，这样才能让用户更全面地了解品牌及其产品。

不管是熟悉某一品牌的某一个产品，还是全面了解品牌，都是对用户之于品牌熟悉程度的判断。关于品牌熟悉程度的评估，主要包括3个方面，如图11-14所示。

图 11-14　品牌熟悉程度的评估内容

从图11-14所示的3个方面的内容来进行判断，可以把用户对品牌的熟悉程度分为5种，具体如图11-15所示。

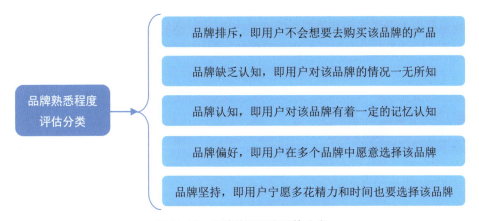

图 11-15　品牌熟悉程度评估分类

在图11-15所示的5种分类中，如果得出的结果是更多的用户属于后两种——品牌偏好和品牌坚持，那么该品牌的品牌熟悉程度评估是很好的，所能获得的营销结果也会很好。

> **专家提醒**
>
> 在评估短视频内容的品牌熟悉程度时，除了短视频内容本身之外，还要考虑其他基础性变量因素的影响，如品牌所占的市场份额、品牌的上市时间和其他媒体广告的宣传等。

11.2.3　品牌喜好程度：喜欢或厌恶品牌一目了然

相对于品牌熟悉度来说，品牌喜好程度的评估明显更进一层——只有通过短视频或其他内容形式对品牌有了一定认知，才会产生喜欢或厌恶的评判。如果一个人对一个品牌一无所知，则根本谈不上喜好。

图 11-15 中的"品牌偏好"可作为对品牌喜好程度的一种评估结果的表述。一般来说，人们喜欢把喜好程度分为 5 类，即非常喜欢、喜欢、一般、不太喜欢、不喜欢（厌恶）。

图 11-15 中的"品牌偏好""品牌坚持""品牌排斥"可分别作为"喜欢""非常喜欢""不喜欢"的评估分类。至于其他两类，其评估分类标准主要如下。

- 不太喜欢：即用户对品牌有一点厌恶，在有其他选择的情况下一般不会购买该品牌的产品。
- 一般：即用户对品牌不喜欢也不厌恶，在有其他选择的情况下选择该品牌产品的概率只有一半。

用户会对自己通过短视频或其他内容形式所认知的产品产生程度不同的喜好，并不是没有原因的，而是建立在两大方面的认知基础之上，如图 11-16 所示。

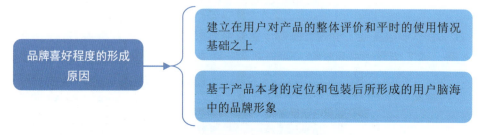

图 11-16　品牌喜好程度的形成原因

11.2.4　购买意愿：4 大阶段影响品牌的用户购买力

用户会因为短视频内容中的某一个兴趣点而产生访问行为，访问了之后会因为了解品牌程度的不同而表现出不同的品牌熟悉程度，而后又在有一定认知的基础上产生不同的品牌喜好程度。那么，之后呢？对视频运营者来说，就是尽量让不喜欢的用户喜欢品牌及其产品，将喜欢的用户尽量转化为消费者，产生实实在在的购买行为。

从喜欢到产生购买意愿，是需要一定条件的，需要在具备一定经济条件的基础上，或者是喜欢的品牌产品恰好是用户所需的，或者是短视频中提及的品牌产品虽然不是自己所需的但是却发自内心地喜欢，等等。

本小节标题中提及的购买意愿评估，其实就是在观看短视频之后用户有意愿购买该品牌的产品的用户数量。它是评估短视频效果的最重要因素。而想要通过短视频内容来促成购买行为，形成购买意愿，就需要在短视频中通过一定的诱因来达成目标。具体说来，短视频影响购买力的流程包括4个阶段，如图11-17所示。

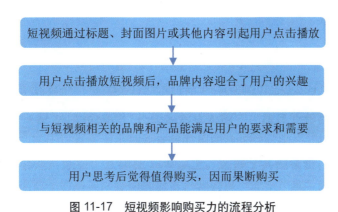

图 11-17　短视频影响购买力的流程分析

11.2.5　品牌联想度：横向、纵向联想体现品牌魅力

所谓"品牌联想度"，顾名思义，即用户在看到与该品牌有关的信息时就会联想到这一品牌。例如，在餐饮领域，提到服务，人们首先想到的必然是海底捞这一品牌；提到湖南卤味特产，绝味鸭脖必然是首选……

可见，品牌联想度是对品牌营销效果评估方面的更高要求——是一种比"未见其人先闻其声"的先声夺人更具影响力的效果评判。在品牌联想度评判中，有两种方向上的联想，一是横向，即从一个品牌联想到同类中的更具影响力的领先品牌；二是纵向，即从一个概念、理念联想到其所代表的典型品牌。

图 11-18 所示为一个关于芙蓉古镇的抖音短视频案例。看到这个视频，人们是不是会联想到乌镇、周庄等古镇的"领先"品牌呢？这就是横向品牌联想的魅力。

图 11-19 所示为一个包含"轻奢"概念的抖音短视频案例。看到这一视频，人们是不是会联想到倡导这一理念的餐饮品牌"雕爷牛腩"呢？这就是纵向品牌联想的魅力。

图 11-18 关于芙蓉古镇的抖音短视频案例

图 11-19 包含"轻奢"概念的抖音短视频案例

第 12 章

案例解析：12 个爆款短视频揭秘抖音运营诀窍

学前提示

短视频运营者在看到平台上做得好的账号会很羡慕，希望自己也能打造爆款短视频，却不知从哪着手。

本章就带领大家一起来感受运营成功的一些抖音号的风采，希望读者能从中学到一些运营经验。

要点展示

▶ 企业号：推动企业形象塑造和提升好感

▶ 政务号：广泛普及知识和弘扬正能量

▶ 个人号：打造别具特色的短视频爆款

12.1　企业号：推动企业形象塑造和提升好感

随着抖音短视频的逐渐发展，企业号纷纷入驻，以便寻求运营和营销的发展机会。其结果也证实了企业的这一选择是正确的。有很多企业号通过抖音短视频平台吸引了大量用户关注，对提升用户好感度和塑造企业形象起到了巨大的推动作用。

本节就以支付宝、成都商报、美团外卖等企业的抖音号为例，介绍短视频运营推广策略。

12.1.1　支付宝：契合平台调性实现成功圈粉

关于支付宝，第 8 章已有简单介绍，在此，笔者将进一步为大家介绍支付宝的抖音号运营。首先来看两个支付宝的抖音短视频案例，如图 12-1 所示。

图 12-1　支付宝的抖音短视频案例

在图 12-1 所示的两个案例中，明显可以看到满满的段子味道——将企业运营的日常（如左图中的支付宝 LOGO 图标设计）和支付宝的一些功能（如寻证易卡套）制作成段子类的短视频内容，在增加趣味性的同时也清晰地展示了企业产品和文化，让企业形象深入人心。

"支付宝"抖音号的短视频内容还有一个非常显著的特点，那就是自黑。它不仅在公众号中发表其抖音号求关注的自黑文章，更把这一策略带到了抖音号运营中，以便契合抖音短视频平台调性。其结果当然是成功圈粉，引起众多用户点击播放和评论互动。图 12-2 所示为支付宝幽默自黑的抖音短视频案例。

图 12-2　支付宝幽默自黑的抖音短视频案例

12.1.2　成都商报：内容贴近生活才能赢得好感

与支付宝一样，成都商报这一企业的抖音短视频运营在第 8 章也简略地提到了它的运营特色——接地气，在此笔者将通过具体案例进行详细分析。

"牙尖熊猫侠"是成都商报的官方抖音号，截至 2018 年 11 月，它已拥有 350 多万粉丝，获得了 3700 多万点赞。在短视频内容运营中，其成就非凡——每一个视频的点赞量都非常可观，少则几万，多则几百万。图 12-3 所示为"牙尖熊猫侠"抖音号的主页。

图 12-3　"牙尖熊猫侠"抖音号的主页

"牙尖熊猫侠"抖音号短视频能运营成功的原因就在于其短视频内容非常接地气，能让用户感同身受。"牙尖熊猫侠"抖音号发布的短视频都是由川普牙尖兄弟演绎的，且内容都是围绕生活中的一些场景和点滴细节展开的，让人感觉亲切而真实，如图12-4所示。

图12-4 "牙尖熊猫侠"抖音号接地气的短视频案例

图12-4中的两个案例，一是接亲戚电话的场景——年轻人在父母与长辈亲属通电话时被要求接电话时的尬聊，让很多年轻人感同身受；二是在家中脚踢到东西时的"生命中不能承受之痛"，非常形象：首先是踢到桌腿，遭遇第一次"痛"，第二次经过时注意到桌腿并避开了，但是结果还是遭遇第二次"痛"——踢到了桌子前方不远处的门框。

而这些又恰恰是我们生活中经常遇见的，把它们通过短视频的方式展现给用户观看，自然能获得用户的好感，拉近与用户之间的距离。

12.1.3 美团外卖：话题 + 才艺让形象深入人心

标榜"美团外卖，送啥都快！"的美团外卖也入驻了抖音短视频平台，开启了短视频运营之路。"美团外卖"抖音号的运营，在笔者看来，其亮点主要集中在两个方面，即发起话题和塑造形象展示才艺，下面将具体介绍。

1. 发起话题

在"美团外卖"抖音号主页上，可以看到其发起的各种话题，如"# 在北上广成偶遇袋鼠君""# 这一波操作""# 街头冠军""# 李白点外卖""# 上美团外卖今晚吃鸡""# 全民挑战 66 舞"等，如图 12-5 所示。其中，发起的话题"# 全民挑战 66 舞"的播放量达到了 2.4 亿次，如图 12-6 所示，成功圈粉无数。

图 12-5　"美团外卖"抖音号发起的话题

图 12-6　话题"# 全民挑战 66 舞"

2. 塑造人格展示才艺

"美团外卖"抖音号的短视频内容，包含两个重要的人物塑造，即可爱的袋鼠君和多才多艺的美团外卖员工，如图 12-7 所示。很多短视频都是利用一人一袋鼠的组合跳舞来打造内容，如 Dura 舞、人猿泰山、大笑江湖等。通过这样的短视频内容，让美团外卖的形象深入人心，对塑造品牌形象和提高用户忠诚度有重大意义。

图 12-7　"美团外卖"抖音号的袋鼠君和多才多艺的员工人格塑造

12.1.4　饿了么：影片式短视频引发用户联想

"饿了么"抖音号的短视频，有些内容明显比其他企业和运营者的制作更用心，它不再是用简单的图片制作而成的图片电影，也不是直接拍摄和剪取生活中的片段，而是把短视频运营当作影片来制作，形成具有故事、语言、结构、思想、角度、情绪和镜头等电影元素在内的短视频影片。

特别是"饿了么"抖音号发表的由饿了么快递员扮演的"饿郎神君"的短视频，如图12-8所示。在这两个抖音短视频中，把送外卖过程中遇到的一些困难和付出的辛苦，打造成"饿郎神君"大战雨魔、炎魔和饿魔的故事，生动形象，更易让抖音的年轻用户理解和接受。

图12-8　"饿了么"抖音号的"饿郎神君"短视频案例

不知大家注意到没有，在图12-8所示的这个由饿了么设计团队经过1个多月时间打造成的宣传片式的短视频中，还包含很多潮流文化和流行元素。例如，短视频内容是采用年轻人喜欢的动漫文化来呈现的。

除了展示流行的音乐、时装和动画元素外，还在道具和人设上进行了巧妙设置，如《海贼王》索隆的三刀流与骑手从"冷热分离箱"中抽出的武器，又如《千与千寻》中的无脸男与饿魔，等等，都能让用户展开丰富的联想和想象。

12.1.5　网易游戏"阴阳师"：高颜值COS

《阴阳师》是由中国网易移动游戏公司研发的一款3D手游。该游戏采用日式和风的风格制造，以《源氏物语》的古日本平安时代为背景进行设计。基于迅速火起来的抖音短视频，企业创建了"阴阳师扫地工"抖音号来宣传和推广该游戏。图 12-9 所示为"阴阳师扫地工"抖音号主页。

该抖音号推广短视频的一个重要特色，就是用 cosplay 的方法来打造短视频主角——让有着高颜值的俊男美女利用服装、饰品、道具以及化妆来扮演游戏中的虚拟人物，从而展现游戏中的人气角色的日常生活，实现推广游戏的目标。当然，其结果也是喜人的，有些短视频的点赞量和评论量都破万了，如图 12-10 所示。

图 12-9 "阴阳师扫地工"抖音号主页

图 12-10 "阴阳师扫地工"抖音号的短视频案例

对用户来说，"阴阳师扫地工"抖音号中的短视频，其主角都有着与游戏中的人气角色匹配的服装、饰品、道具以及化妆艺术，且有着超高的颜值加持。这对于喜欢二次元文化和漂亮的小哥哥、小姐姐的年轻人来说，是绝佳的视觉享受。

12.2 政务号：广泛普及知识和弘扬正能量

人们一般认为，政务一般都与严肃、认真等词汇紧密相关。而抖音号这样一个碎片化的娱乐社区，能与政务一类的平台内容相关？其实，随着新媒体平台的发展，越来越多的政务号出现在平台上，而短视频作为新媒体时代广受用户欢迎的内容形式，政务新媒体也没有错过，纷纷抢滩抖音等短视频平台。

其原因就在于，政务新媒体的主要目标在于传达政务信息，做好宣传引导工作。而这一工作完成效果的好坏就在于用户，只有让更多的用户看到，才能提升政务宣传的总体效能。

基于这一点，政务新媒体遵循多样化和新颖化的运营规则，选择了矩阵化运营，那么短视频平台自然也就包含在内，特别是抖音短视频平台，成为众多政务新媒体的宣传阵地，致力于利用短视频来宣传政府形象、普及政务知识、宣讲政务主张。

本节将以北京SWAT、平安杭州、共青团中央等抖音号为例，介绍政务抖音号的短视频运营。

12.2.1 "北京SWAT"：融合热门音乐让内容接地气

图12-11　"北京SWAT"短视频案例

"北京SWAT"抖音号是北京市公安局反恐怖和特警总队的官方账号。为了更贴合抖音平台调性，该平台从账号的"个性签名"的设置起就开始布局——"为你岁月静好，又何惧负重前行！"不仅体现出了巨大的正能量，还在表述上注意措辞，充分展现出其亲民的形象。

除了"个性签名"外，在短视频内容方面"北京SWAT"抖音号更是把亲民、接地气的形象奋战到底，打造出了一些爆款短视频。图12-11所示为"北京SWAT"抖音号的短视频案例。

短视频中的训练内容，是比较严肃的内容，赢得了平台用户的高度赞赏，创造了高达870多万的点赞量和18万多的评论。这是为什么呢？

笔者通过查看其评论内容发现，除了该短视频表现出的正能量和人物的人格形象外，很大一部分用户可能是受到了其搭配的时下流行的"吃鸡"游戏主题音乐的牵引而前往观看的，然而最终被短视频内容深深吸引，并就短视频内容和"吃鸡"游戏主题音乐表示高度的赞扬，如图12-12所示。

"北京SWAT"抖音号短视频中展示的特警队员的训练极其专业和严肃，让用户能真实地感受到训练的氛围，然而搭配上流行的"吃鸡"游戏主题音乐，在很大程度上就拉近了与用户的距离，让严肃的短视频内容落地，让用户感叹并不由得想："这首歌我也听过/用过，没想到这么酷！"

图 12-12 "北京 SWAT"短视频评论部分展示

12.2.2 "平安杭州"：说唱式宣传引导用户持续阅读

"平安杭州"是杭州市公安局官方创建的抖音号。在打造爆款短视频方面，该抖音号可以说是非常成功的，特别是基于严肃的政务内容，把专业的安全知识和常识打造成受用户欢迎的短视频内容，让众多运营者不得不感叹和佩服。

"平安杭州"抖音号的运营目的就是普及安全知识、防诈骗常识等，是比较严肃和枯燥的。基于这一点，"平安杭州"抖音号要想获得短视频运营的成功，自有其优势和劣势。

从内容上来说，安全知识和防诈骗常识恰是用户所需的，这就是内容的价值所在。然而就以往的宣传经验来说，一般都是平铺的条款内容和刻板的说教。尽管有所需，但是这样的内容形式会让用户失去阅读的兴趣。

因此，要想摆脱内容宣传的困境，就应该利用其内容的价值优势，借助短视频载体这一宣传形式上的优势，实现强强联合，达到政务号的短视频运营目标。

从这一运营条件和策略出发，"平安杭州"抖音号突破传统的宣传方式，一改专业、刻板的形象，利用"说唱"形式先后发布多段短视频来进行宣传，如图 12-13 所示，深受抖音用户的欢迎。

图 12-13 "平安杭州"抖音号的短视频案例

在"平安杭州"抖音号打造的普及安全知识和防诈骗常识的短视频中,运营者把自身职能属性与抖音平台调性结合起来,打造出优质的用户喜闻乐见的系列短视频内容,其持续性的有关联的短视频内容输出,带给用户一种"追剧"的感觉。有用户在评论中赞叹:"看完还想看续集",还有很多用户表示,首先看到后面的第四段内容回头再追看前面的,如图 12-14 所示。

图 12-14 "平安杭州"抖音号短视频的部分评论展示

"平安杭州"抖音号系列短视频内容的传播和宣传方式，很容易提升用户的忠诚度。因此，一些想要进行政务知识和政务主张宣传的抖音政务号，可以考虑借鉴这一方式。

专家提醒

"平安杭州"抖音号的"警花"说唱类小视频之所以受到用户的喜爱，除了其内容与社会热点相关和能引起共鸣外，还有 3 个方面的原因，具体如图 12-15 所示。

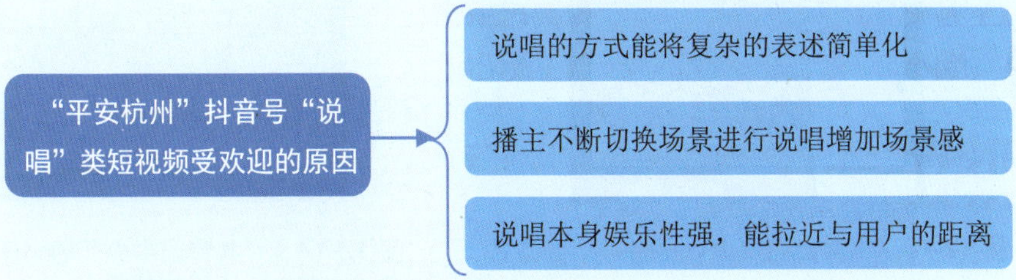

```
"平安杭州"抖音号"说    →   说唱的方式能将复杂的表述简单化
唱"类短视频受欢迎的原因      播主不断切换场景进行说唱增加场景感
                            说唱本身娱乐性强，能拉近与用户的距离
```

图 12-15　"平安杭州"抖音号"说唱"类短视频受欢迎的原因

12.2.3　"共青团中央"：两大方面打造内容产生共鸣

与其他类型的抖音号一样，政务号要想让其内容被用户喜欢，提升用户观看好感和沉浸感，打造能产生共鸣的短视频内容很重要。从这一方面来说，与共青团中央同名的官方抖音号"共青团中央"就做得很好。具体说来，主要表现在两个方面，下面将详细介绍。

1. 讨喜的人设

"共青团中央"抖音号的"个性签名"充分展现了其账号定位——"没错，我就是团团"，如图 12-16 所示。"团团"这一名称听起来就让人觉得又萌又可爱，还呈现出年轻化的特征，是完全与抖音短视频平台的用户群体契合的。

可见，它把自身塑造成年轻、可爱和调皮的团团，首先在人设上就赢得了抖音用户的喜爱。同时它还专门制作了相关短视频内容来宣传这一人设，如图 12-17 所示，这能让用户进一步产生共鸣。

图 12-16 "共青团中央"抖音号个性签名

图 12-17 "共青团中央"的"团团"人设短视频

2. 善用年轻人喜欢的元素

要想引起用户的共鸣,那么抖音号的内容必然要能戳中用户的心。而对于抖音号偏向年轻化的用户群体而言,就必须善于在短视频内容中运用年轻人喜欢的元素。

图 12-18 所示为"共青团中央"抖音号发表的两个短视频。在这两个短视频中,前一个短视频内容为

图 12-18 "共青团中央"抖音号的短视频案例

小朋友在天安门广场模仿着向解放军敬礼,这对于很多已经是宝爸宝妈的抖音用户来说,这样的萌娃能收获大量用户;后一个则是关于中国人民志愿军第十二军

的英烈回归,而年轻的抖音用户,他们有着热血和青春,因而也易被英烈所感动,容易引起用户共鸣。

12.3 个人号:打造别具特色的短视频爆款

随着智能手机的普及和移动互联网的发展,新媒体平台层出不穷,这对于自媒体人来说,是一个巨大的发展机遇。因此自媒体人纷纷注册个人账号进行运营,以便推广自身产品和品牌。同样的,他们也看到了短视频这一内容形式的发展前景,在各大短视频平台制作和发表短视频。

相对于企业号和政务号来说,个人号的短视频内容的制作选择更多,也更自由,从而形成了风格、内容迥异的各种运营账号。本节以抖音短视频平台的"会说话的刘二豆""佳哥就是毕加索""M 哥"和"AZ"为例,具体介绍个人号的抖音短视频运营。

12.3.1 "会说话的刘二豆":宠物拟人化增加趣味性

在抖音平台上,有很多以宠物为主题的账号,如开挂的猫二歪、金毛蛋黄、喵铮铮 - 宠物顾问等。本小节笔者要介绍的是一个名为"会说话的刘二豆"的宠物类爆款抖音号。该抖音号无论是粉丝数还是获赞数都非常惊人——其粉丝数达到了 4600 多万,获赞数更是高达 4 亿,如图 12-19 所示。

在具体的单个视频方面,"会说话的刘二豆"抖音号发展到后来,每一个短视频的点赞量都破 100 万,如图 12-20 所示。该抖音号以猫为主题的短视频受欢迎的程度可想而知。

在"会说话的刘二豆"抖音号短视频中,总是有两个主角,即猫咪二豆和瓜子。

图 12-19 "会说话的刘二豆"粉丝数和获赞数

图 12-20 "会说话的刘二豆"单个视频点赞数

视频中的它们是以欢笑大闹的小伙伴的身份来设定角色的，一个短视频围绕一个主题来展开，通过字幕插入让猫咪二豆和瓜子进行拟人化的对话。这样的短视频内容既贴近生活，又因为猫咪这一角色提升了趣味性。

图12-21所示为"会说话的刘二豆"抖音号的短视频案例。前者围绕上学与做生意的主题，后者围绕洗脚的主题，这些都是生活中常见的对话场景，让可爱的猫咪以拟人化的方式展现，看到的用户是不是会感到很有趣、很有意义呢？

图 12-21　"会说话的刘二豆"抖音号的短视频案例

12.3.2　"佳哥就是毕加索"：创意绘画吸引用户关注

"佳哥就是毕加索"是一位有着高超绘画才艺并以此为内容来制作短视频的抖音达人。在他的短视频内容中，主要是"由字生画"——先写下关键词，然后根据词意进行创意设计，从而制作成简笔画。这是很多有着绘画技艺的短视频账号采用的才艺展示和内容制作方法。

不同的是，"佳哥就是毕加索"的简笔画短视频创作更具有系统性和代表性——他用来绘画的关键词都是有选择性的，都有着具体的含义，且一般笔画较多，这就需要在布局和绘画时花费更多的时间来思考和设计。图12-22所示为"佳哥就是毕加索"抖音号的短视频案例。

图12-22中三个短视频的关键词分别是摩登兄弟、压岁钱和三国演义，在画好的图上，根本找不出绘画时所凭借的关键词的笔画痕迹，它们已经完全与画面融为一体了——关键词的笔画作为绘画作品的一部分融入了人物、风景中，不露

痕迹地实现了笔画的完美隐藏。

更重要的是，不知道大家注意到没有，笔者在此选择的三个短视频案例，分别代表了"佳哥就是毕加索"抖音号的关键词的三种分类，即结合热点、关联节日和重现经典。当然，这三类内容并不是随意选择的，都是建立在用户的偏好基础之上的。前两者明显与热点相关，一个是网络上流行的热点话题，一个是与生活相关的热点节日，这样的内容很容易打造爆款。而重现经典的关键词绘画作品，能满足人们的怀旧心理，从而吸引更多用户关注。

图 12-22　"佳哥就是毕加索"抖音号的短视频案例

12.3.3　"M 哥"：独特嗓音＋颜值，翻唱快速圈粉

在抖音平台上，既有像"佳哥就是毕加索"一样有绘画技艺的抖音达人，也有一些歌唱得好、舞跳得好的抖音达人，如知名的"M 哥"和"代古拉 K"。

其中，"M 哥"就是凭借其独特的嗓音翻唱歌曲获得了众多点赞的，这也是很多直播平台和短视频平台上播主圈粉的常用方式。图 12-23 所示为"M 哥"抖音号的短视频案例。

图 12-23 所示的两个短视频，分别翻唱了"我的将军啊"和"We can't stop"，其点赞量分别高达 1900 多万和 300 多万，评论量也都高达几十万。可以说，通过展示唱歌才艺制作的短视频内容是能短时间成名的好途径。

当然，首先播主歌要唱得好，如果加上颜值高那就更好了。但是要注意的是，千万要遵守平台规则，否则就很容易被处罚和封号。

图 12-23 "M 哥"抖音号的短视频案例

12.3.4 "AZ"：二次元流行文化短视频赢得高点赞量

"AZ"是一位以更新二次元 COSPLAY 视频为主的抖音达人。"AZ"抖音号播主因为自身喜欢玩端游和手游，并喜欢扮演这些游戏里的虚拟人物，而把这一兴趣带到了短视频制作中。

融入播主自身兴趣的短视频，展现给大家的就是一个着迷于二次元文化的萌妹形象。且因为与兴趣关联，那么其所倾注于视频中的感情和专注度就是其他一些类似短视频内容无法比拟的。同时角色扮演类的二次元文化又恰是一种流行文化，受到广大年轻用户的喜爱。正是基于这两点，"AZ"抖音号的短视频内容获得众多用户支持和高的点赞量也就不足为奇了。

图 12-24 所示为"AZ"抖音号的短视频案例。

图 12-24 "AZ"抖音号的短视频案例